엑스포지멘터리 성경공부 시리즈

레위기

레위기 1-27장

엑스포지멘터리 성경공부 시리즈

레위기

레위기 1-27장

| 송병현 · 임우민 지음 |

EM Exposi Mentary

차례

레위기 서론

이 책의 히브리어 이름은 "바이크라"("그리고 그[하나님]가 [모세를] 부르셨다")이다. 이는 책을 시작하는 첫 단어에서 비롯된 이름이며, 레위기 앞의 책 출애굽기의 중심 인물인 모세와의 연관성을 염두에 둔 것이다. 레위기가 구약의 기초가 되는 모세오경의 심장부에 위치하는 것은 이 책의 중요성을 암시한다. 레위기는 구조적으로 이스라엘이 시내 산에 도착했을 때(출 19:2)에 시작되어 시내 산을 떠날 때(민 10:11)까지 있었던 일을 기록하고 있는 일명 "시내 산 이야기"의 중심부에 위치한다.

1. 기독교인과 레위기

현대를 살아가는 그리스도인이 레위기를 읽어야 하는 여러 가지 이유가 있다.

1) 이스라엘의 종교가 기독교의 뿌리가 되었다는 것이 기정사실임을 감안할 때 레위기는 우리의 종교적 뿌리, 특히 하나님께 드리는 예배에 대한 이해를 돕기 때문이다.
2) 레위기는 하나님의 백성으로 이 세상에서 살아간다는 것이 무엇을 뜻하는가를 가르쳐 주는 책이다.
3) 레위기는 오늘날 하나님의 용서와 은혜를 지나치게 강조하여 성도의 도덕적 책임과 의무를 등한시 하는 사람들에게 그리스도인이 지향해야 할 삶의 자세와 모습이 어떤 것인가를 일깨워 주는 책이다.
4) 구약에서 성결에 대하여 가장 자세하게 가르치고 있는 레위기는 그리스도인이 하나님의 백성으로 경건하게 살아간다는 것이 어떤 의미인가를 생각해 보게 한다.
5) 레위기는 오늘도 역사하시는 하나님의 말씀이기에 우리는 이 책을 공부하고 묵상해야 한다.

2. 저자와 저작 시기

전통적으로 레위기는 모세가 창세기, 출애굽기, 민수기, 신명기와 아울러 저작한 책으로 전해져 내려왔다. 보수적인 성향의 학자들은 지난 2000여 년 동안 교회가 고수해왔던 그대로 오경의 기본 골격은 모세에 의해 갖추어졌으며, 내용도 대부분 모세가 집필한 것으로 생각한다. 또한 레위기의 저작 연대를 이스라엘의 주변 국가들과 문화에서 발견된 문서들과 비교해서 보면, 대부분의 학자들은 레위기가 주전 2000년대 문서라고 결론짓는다. 그 증거로 학자들은 레위기가 묘사하는 성막과 도구들이 주전 2000년대에 꽃을 피운 우가릿 족속, 햇 족속, 이집트의 유물들과 매우 비슷하다는 점을 제시한다. 그 이후 유물들은 성막과 유사한 점이 많지 않기 때문에 만일 성막과 도구들이 주변 문명에서 영향을 받았다면 분명 주전 2000년대에 있었던 일이라는 것이다.

3. 다른 책들과의 관계

출애굽기-레위기-민수기는 12개의 "여행기록"으로 구성되어 있는데 이 기록은 책들의 구조와 통일성을 이해하는데 있어서 매우 중요한 단서를 제공한다. 출애굽기는 이스라엘이 시내 산에 도착했던 일을 기록하고 있다(출 19:2). 민수기는 이스라엘이 약 1년 동안 시내 산에서 거한 다음 떠나는 일을 수록한다(민 10:11). 그 사이에 끼어 있는 레위기는 이스라엘이 시내 산에서 머물렀던 1년 동안 하나님께서 모세를 통해 주신 율법과 그곳에서 있었던 일을 기록하고 있다. 이러한 차원에서 출애굽기와 민수기는 레위기를 감싸고 있는 일종의 책받침대 역할을 하고 있다고 할 수 있다. 즉 민수기는 출애굽기의 "속편"이며, 레위기는 이 전편과 속편 사이에 끼어 있는 특별한 문서이다. 또한 레위기는 창세기에 등장하는 이미지와 사상을 배경으로 하는 것들이 많다. 예를 들면 안식일(창 2:1-3), 십일조(창 14:18-20), 정결한 짐승과 부정한 짐승에 대한 규례(창 7:1-3) 등이 있다.

4. 신학적 메시지와 이슈

정결과 부정

레위기는 이스라엘에게 정결한 것과 부정한 것을 구분하도록 지시하고 있다. 이러한 책의 목적은 10:10에 잘 표현되어 있다. "너희가 거룩하고 속된 것을 분별하며 부정하고 정한 것을 분별하라." 성경의 여러 책 중에서 정결과 부정을 가장 많이 언급하는 책이 레위기이다. 저자는 책 안에서 "부정"이라는 단어를 무려 132차례, "정결"이라는 단어는 74차례나 사용한다. 율법에 의하면 정결하거나 부정하다는 것의 근본적인 의미는 성막/성전 출입과 연관되어 있다. 정결한 사람은 하나님께 예배 드리기 위해 성막으로 들어갈 수 있지만, 부정한 사람은 정결하게 될 때까지 한동안 성막에 들어갈 수 없다. 하나님께 예배를 드리고, 드리지 못하고가 정결과 부정을 정의하는 것이다.

하나님의 임재

레위기가 온갖 율법을 통해 무엇을 먹고 무엇을 입고, 어떻게 예배를 드려야 하는가 등을 논하는 것은 이스라엘이 하나님의 임재를 마음껏 누리며 살 수 있도록 그들을 준비시키기 위해서이다. 레위기는 이스라엘 공동체와 각 개인의 삶에서 하나님의 함께하심을 누릴 수 있는 비결을 제시한다. 저자는 이스라엘이 책에 기록된 규례에 따라 성결한 삶을 추구하면 하나님이 함께하심은 예배로 제한될 필요가 없으며, 거룩한 사람은 언제든지 하나님과 동행할 수 있다고 한다.

예배

레위기는 오늘날 그리스도인이 마음에 두어야 할 가르침이 많이 있지만 가장 중요한 초점은 하나님의 거룩하심과 그 거룩하신 하나님께 드리는 예배에 맞추어져 있다. 레위기의 가장 기본적인 핵심은 주의 백성들이 여호와께 드리는 예배가 어떻게 준비되어야 하고 어떤 절차를 통해 드려져야 하는가를 정의하는 일이다. 그래서 레위기는 이스라엘 백성들이 드리는 여러 가지 제사들과 제물들, 종교적 절기들, 그리고 제사장들이 어떻게 이 제사를 진행해야 하는가에 많은 공간을 할애한다. 성전에서 드려지는 예배와 제사에서 가난한 사람들이 소외되는 것을 막기 위하여 제물은 예배자의 경제적 형편에 따라 결정되었다. 예배자가 드리는 제물보다는 그의 마음이 더 중요했던 것이다. 저자는 여호와께 드리는 거룩한 예배가 어떤 것인가를 묘사하면서 많은 공간을 예식과 제물에 할애하지만 그는 하나님이 우리에게 요구하시는 예배는 성전/성막에서 진행되는 이스라엘 종교의 의식적인 예식이 예배자의 경건하고 정의로운 삶과 결합되어야 한다고 강조한다. 이스라엘이 하나님께 예배 드리는 수직적인 면뿐만 아니라 수평적인 면도 포함해야 하는 것이다. 그래서 이스라엘 사람들의 종교 행위에 대한 규례만 선포하는 것이 아니라 그들의 일상생활에 적용할 원리들도 제시하고 있다. 주의 백성의 예배는 성전 제단에서 제물을 드리는 것으로 시작하거나 끝나는 것이 아니라 이웃을 보살피고 자비를 베푸는 일로 연장되어야 하는 것이다. 즉 하나님의 백성은 예배와 삶을 이분화시켜서는 안되며 경건하고 자비로운 생활의 바탕 위에 예배의 제단을 쌓아야 한다.

거룩한 백성

레위기는 한 국가/민족으로 출범하는 이스라엘 사람들에게 열방에게 복의 근원이 되는 길을 제시한다. 이스라엘이 하나님처럼 거룩하게 된다면, 그들은 참으로 열방에게 복의 근원이 될 것이다. 레위기에 수록된 율법과 온갖 규범들은 이스라엘이 거룩한 삶을 추구하는 데 사용할 지침서이다. 그러므로 거룩한 백성이 서로 가르치고 권면할 법들과 규례를 제시하고 있다. 이스라엘은 거룩한 하나님의 축복의 통로이므로 높은 수준의 성결을 유지해야 한다. 거룩하신 하나님께서 부정한 통로를 통해 열방을 축복할 수 없기 때문이다. 그러므로 주의 백성이 어떻게 하나님을 예배하고(1-16장), 서로를 어떻게 대해야 하는가(17-27장)를 정의하는 레위기에 "거룩/거룩하다"라는 단어가 150차례 이상 사용된다. 이스라엘이 거룩해야 하는 또 다른 이유는 이스라엘은 거룩하신 여호와께서 세상의 많은 백성들 중에서 택하신 백성이기 때문이다. 보이지 않는 하나님의 선택을 받은 이스라엘은 자신의 삶에서 하나님이 어떤 분이신가를 세상에 보여 주어야 한다. 세상 사람들이 여호와 하나님에 대해 알 수 있는 유일한 길은 그 분의 백성이 지향하는 삶의 방식과 방향을 통해서이기 때문이다. 그러므로 이스라엘은 자신들과 열방 뿐만 아니라 나아가 하나님을 위해서 거룩하게 살아야 한다.

죄

레위기는 모든 인간의 가장 기본적인 문제인 죄에 대한 해결책을 제시한다. 죄는 사람이 하나님께서 주신 율법을 어기는 일 등 행동으로 제한되지 않는다. 즉 그의 생각도 죄를 범할 수 있다. 레위기가 가장 많이 사용하는 용어들 중 하나는 "속죄"라는 개념이다. 저자는 이 단어를 45차례나 사용하며 이 책에서 우리는 "제사장이 그것으로 회중을 위하여 속죄한즉 그들이 사함을 얻으리라"와 같은 유형의 표현을 자주 접하게 된다(cf. 4:20, 26, 31, 35 등). 특히 16장은 1년에 하루 대제사장을 포함한 온 이스라엘이 죄를 용서받는 속죄일에 대한 규례를 통해 대속 개념을 강조한다. 레위기는 짐승의 피를 통해 대속이 가능하다고 한다 . 하나님 앞에 선 예배자는 먼저 자신의 죄에 대한 대가를 분명히 치러야 하는데 짐승의 피는 그가 치러야 할 대가를 대신할 수 있다는 것이다. 속죄라는 단어의 근본적인 뜻이 "덮다"라는 점도 이러한 해석을 지지한다. 희생당한 짐승의 피가 사람의 죄를 덮는 것이다.

〈레위기의 제물이 드려지는 목적과 종류〉

상황/이유	속죄제	속건제	번제	소제
하나님의 거룩한 물건을 범했을 때(5:14-19)	흠 없는 숫양 범한 물건 값+20퍼센트			
남의 재산권을 침해했을 때(6:1-7)	흠 없는 숫양 끼친 손해+20퍼센트			
피부 병자들이 정결하게 되었을 때(14:4) 가난한 경우	숫양 요제: 기름 1록 숫양	숫양 비둘기	1년 된 암양 비둘기	기름과 섞은 3/10 에바 기름 한 록과 섞은 1/10 에바
실수로 저지른 죄(4:3-5:10): 제사장 회중 지도자 개인 가난한 경우		수송아지 수송아지 숫염소 암염소/어린양 비둘기	비둘기	1/10 에바
출산 후 정결(12:6) 가난한 경우	비둘기 비둘기	1년 된 양 비둘기		
유출병(15:1-33)		비둘기	비둘기	
자원(1:3-17)			가축 중 수놈 혹은 비둘기	고운 가루, 기름, 소금(누룩과 꿀 제외)
화목제(3:1-17) 감사(7:12-15) 서원(7:16-18) 자원			가축 중 암놈, 혹은 숫놈	기름 넣은 빵(누룩 제외)

5. 구조와 개요

Ⅰ. 제사에 대한 율법(1:1-7:38)

Ⅱ. 성막에서 예배가 시작됨(8:1-10:20)

Ⅲ. 정결과 부정(11:1-15:33)

Ⅳ. 속죄일(16:1-34)

Ⅴ. 성결 법전(17:1-26:46)

Ⅵ. 거룩한 서원(27:1-34)

제1주

온전한 번제

레위기 1:1–17

복습

1 기독교인이 레위기를 읽어야 하는 이유는 무엇인가?

레위기 1:1-17

1:1 여호와께서 회막에서 모세를 부르시고 그에게 말씀하여 이르시되 2 이스
라엘 자손에게 말하여 이르라 너희 중에 누구든지 여호와께 예물을 드리려거
든 가축 중에서 소나 양으로 예물을 드릴지니라 3 그 예물이 소의 번제이면 흠
없는 수컷으로 회막 문에서 여호와 앞에 기쁘게 받으시도록 드릴지니라 4 그
는 번제물의 머리에 안수할지니 그를 위하여 기쁘게 받으심이 되어 그를 위하
여 속죄가 될 것이라 5 그는 여호와 앞에서 그 수송아지를 잡을 것이요 아론의
자손 제사장들은 그 피를 가져다가 회막 문 앞 제단 사방에 뿌릴 것이며 6 그는
또 그 번제물의 가죽을 벗기고 각을 뜰 것이요 7 제사장 아론의 자손들은 제단
위에 불을 붙이고 불 위에 나무를 벌여 놓고 8 아론의 자손 제사장들은 그 뜬
각과 머리와 기름을 제단 위의 불 위에 있는 나무에 벌여 놓을 것이며 9 그 내
장과 정강이를 물로 씻을 것이요 제사장은 그 전부를 제단 위에서 불살라 번제
를 드릴지니 이는 화제라 여호와께 향기로운 냄새니라 10 만일 그 예물이 가축
떼의 양이나 염소의 번제이면 흠 없는 수컷으로 드릴지니 11 그가 제단 북쪽 여
호와 앞에서 그것을 잡을 것이요 아론의 자손 제사장들은 그것의 피를 제단 사
방에 뿌릴 것이며 12 그는 그것의 각을 뜨고 그것의 머리와 그것의 기름을 베어
낼 것이요 제사장은 그것을 다 제단 위의 불 위에 있는 나무 위에 벌여 놓을 것
이며 13 그 내장과 그 정강이를 물로 씻을 것이요 제사장은 그 전부를 가져다가
제단 위에서 불살라 번제를 드릴지니 이는 화제라 여호와께 향기로운 냄새니
라 14 만일 여호와께 드리는 예물이 새의 번제이면 산비둘기나 집비둘기 새끼
로 예물을 드릴 것이요 15 제사장은 그것을 제단으로 가져다가 그것의 머리를
비틀어 끊고 제단 위에서 불사르고 피는 제단 곁에 흘릴 것이며 16 그것의 모이
주머니와 그 더러운 것은 제거하여 제단 동쪽 재 버리는 곳에 던지고 17 또 그
날개 자리에서 그 몸을 찢되 아주 찢지 말고 제사장이 그것을 제단 위의 불 위
에 있는 나무 위에서 불살라 번제를 드릴지니 이는 화제라 여호와께 향기로운
냄새니라

말씀 돋보기 - 관찰

1 레위기를 시작하면서 번제가 제일 먼저 언급되는 이유는 무엇인가? (레 1:13)

....

....

Tip 번제는 "여호와께 향기로운 냄새"라고 한다. 번제는 하나님의 관심을 끄는 데 목적이 있다. 번제는 다른 제사와는 달리 모든 제물을 하나님께 태워 바친다. 온전히 드리는 제물은 예배자가 자신의 온 마음과 정성을 다해 드린다는 상징성을 내포하고 있다. 그래서 번제는 속죄제와 속건제를 제외한 다른 종류의 제물을 동반하는 예배에서도 제일 먼저 드려졌다. 그러나 죄사함이 필요할 때는 탄원/간구에 앞서 죄사함을 구하는 일이 우선이었기에 이 경우는 속죄제/속건제가 먼저 드려져야 했다. 번제가 제일 먼저 언급되는 이유는 이 제사가 가장 오랜 전통을 가지고 있기 때문이기도 하다.

2 번제를 드릴 때의 두 가지 규례는 무엇인가?(레 1:3)

a) ....

b) ....

Tip 번제는 백성들이 의무적으로 드리는 것이 아니라 자원하여 드리는 것이며, 첫째, 흠없는 수놈으로 드릴 것과 둘째, 장막의 입구에서만 드릴 것을 규례로 두고 있다. 흠없는/온전한 짐승으로 드리라는 첫 번째 규정은 예배자가 정성이 가득한 온 마음으로 하나님께 드릴 것을 강조한다. 장막 입구에서만 제물을 드리라는 두 번째 규정은 하나님은 이스라엘에게 예배는 단 한 곳(성막/성전)에서만 드릴 것을 요구하신다. 오직 여호와의 장막에서만 제물을 드리도록 함으로써 이스라엘이 다른 장소에서 우상에게 제물을 바칠 가능성을 원천적으로 봉쇄하는 것이다. 또한 장막에서만 제물을 드려야 한다는 규정에서는 예배자가 제물로 드릴 짐승을 집에서부터 이곳까지 끌고 오면서 하나님과의 관계에 대하여 깊은 묵상과 평가를 해보라는 권유를 내포하고 있는 듯하다.

※ 제단의 북쪽(11절의 제단의 북쪽은 다른 표현)

제단의 북쪽은 이스라엘이 하나님께 드리는 예배의 시발점

고대 사람들은 좌우를 정할 때 항상 동쪽을 바라보았는데, 동쪽을 바라보면 사람의 왼쪽이 북쪽이 된다. 번제는 북쪽에서 잡아서 번제단에서 태우는데 회막문 앞에 위치해 있다. 대부분의 사람들이 오른손잡이라는 사실을 생각하면, 왼쪽은 사람의 연약함을 상징

*성경에서 오른쪽은 승리, 강인함을 왼쪽은 패배와 약함을 상징(렘 1:14; 4:6; 겔 1:4; 9:2)

〈번제의 규례〉

<table>
<tr><th colspan="3">번제의 목적: “제물을 태워서 향기를 올려 드려 하나님을 기쁘시게 함”(9절)</th></tr>
<tr><td colspan="2">1. 번제의 내용물</td><td>2. 번제의 장소</td></tr>
<tr><td colspan="2">“흠 없는 수놈”(3절)</td><td>“장막의 입구에서”(3절)</td></tr>
<tr><td>이유</td><td>예배자의 정성이 가득한 온 마음으로 하나님께 드릴 것을 강조</td><td>예배는 단 한 곳(성막/성전)에서만 드릴 것을 요구하심</td></tr>
<tr><td>의미</td><td>a. 창조주 하나님께 인간의 최선의 것으로만 바침
b. 십자가 사건의 모형으로 이해됨</td><td>a. 다른 장소에서 우상에게 제물을 바칠 가능성을 차단
b. 드릴 짐승을 집에서부터 끌고 오면서 하나님과의 관계에 대하여 깊은 묵상과 평가</td></tr>
</table>

3 제물을 바칠 때 예배자는 짐승에게 어떻게 해야 하며, 그것은 무엇을 의미하는가?(레 1:4)

예배자:

의미: a)

b)

c)

Tip 예배자는 짐승을 죽이기 전에 먼저 머리에 손을 얹고 안수를 한다. 이것은 크게 세 가지 해석이 있다. 먼저, 제물을 바치는 사람과 짐승이 상징적으로 하나가 된다는 뜻이다. 또한 짐승이 안수하는 사람을 대신한다는 의미가 있다. 마지막으로 바치는 사람이 짐승의 소유주라는 것을 확인하기 위한 것이다.

4 번제의 목적은 무엇인가?(레 1:9)

Tip 번제의 목적은 제물을 태워서 하나님을 기쁘시게 하는 향기를 올려 드리는 데 있었다(9절). 하나님을 "기쁘게 하는 향기"는 곧 하나님이 제물을 받으시는 것을 의미하며 하나님과 예배자 사이가 화평함을 뜻한다. 더 나아가 하나님이 기뻐하신다는 사실은 예배자가 하나님의 축복과 자비를 기대할 수 있음을 암시한다. 번제는 제사장의 몫이 없고, 짐승이 통째로 태워져 온전히 하나님께 열납되기 때문에 하나님이 가장 귀하게 여기실 뿐만 아니라, 하나님의 관심을 얻기에 가장 효과적인 제물로 생각된다. 하나님께 드리는 "희생"의 분량이 큰 만큼, 하나님이 가장 귀하게 여기시는 것이다.

5 번제를 드릴 때 제물로 드릴 수 있는 가축은 무엇인가?(레 1:3, 10, 14)

Tip 이스라엘아 하나님께 드리는 제물은 다섯 가지 짐승으로 제한되어 있다. 몸집이 큰 가축에는 소, 몸집이 작은 가축에는 양과 염소, 그리고 새들 중에는 산비둘기와 집비둘기가 유일하게 제물도 사용될 수 있는 짐승들이며 이것들은 집에서 키운 것들이다. 산비둘기는 야생에서 덫으로 잡은 것이 아니라 집에서 사육되었던 집비둘기에 비해 몸집이 더 크다. 야생 짐승이나 사냥해서 잡은 것들은 하나님께 제물로 드릴 수 없다. 하나님께 제물로 드릴 수 있는 동물의 규정은 다음과 같다.

1. 들짐승은 제물을 드리는 자의 소유가 아니다.
2. 오직 흠이 없는 짐승들만 제물로 사용되어야 한다.
3. 사람이 다루기에 용이한 길이 들고 온순하고 무해한 짐승들만 드릴 수 있다.
4. 제물을 드리는 사람이 대가를 지불한 짐승들만 사용해야 한다.

〈번제의 교훈〉

교훈	예배의 필수 요소
자발성	의무감이 아닌 즐겁고 자발적으로 드림
하나님 중심	사람 중심이 아닌 하나님이 지시한 방법대로 드림
최상의 요구	쓰고 남은 물질과 시간이 아닌 최우선으로 최상을 드림
마음과 정성	남김없이 태워 바치는 번제처럼 온 마음과 정성으로 드림
삶의 산 제사	예수님의 본을 따라 하나님이 기뻐하시는 삶의 산 제사 드림

삶의 내비게이션 - 적용

1 번제는 하나님께 향기로운 냄새로 드려졌다. 이것은 하나님께 드리는 제물은 의무감에서 드리는 것이 아니라 즐겁고 기쁜 마음으로 자발적으로 드리는 것을 의미한다. 하나님과의 관계가 깊어지면 깊어질수록 제물을 드릴 때 감사와 기쁨도 많아질 것이다. 당신이 가장 기쁨으로 제물을 드린 경험은 무엇이었는가? 그리고 그때 하나님과의 관계는 어떠했는가?

2 제물은 흠없는 온전한 것으로 드려야 한다. 즉 하나님께 최고의 것을 드려야 하는 것이다. 당신이 가장 좋은 것을 하나님께 드리기 위해서 시간과 물질 혹은 그외의 것들을 먼저 구분해 놓은 것이 있다면 이야기해 보자. 다른 곳에 쓰기 전에 어떻게 구분하고 있는가?

3 하나님께서는 제물을 드릴 때 드리는 사람의 형편을 생각해서 제물에 차등을 두고 있다. 이것을 통해서 하나님은 무엇을 드리는가보다는 어떤 자세로 드리는가를 더 중요시하신다는 것을 알 수 있다. 예배자의 마음이 제물의 크기보다 더 중요한 것이다. 당신이 예물의 크기 때문에 드리기를 주저하고 있는 것이 있다면 그것은 무엇인가?

생활의 아로마 - 실천

온전한 소제

제2주

레위기 2:1–16

복습

1 번제의 목적은 무엇인가?(레 1:9)

레위기 2:1-16

2:1 누구든지 소제의 예물을 여호와께 드리려거든 고운 가루로 예물을 삼아 그
위에 기름을 붓고 또 그 위에 유향을 놓아 2 아론의 자손 제사장들에게로 가져
갈 것이요 제사장은 그 고운 가루 한 움큼과 기름과 그 모든 유향을 가져다가
기념물로 제단 위에서 불사를지니 이는 화제라 여호와께 향기로운 냄새니라 3
그 소제물의 남은 것은 아론과 그의 자손에게 돌릴지니 이는 여호와의 화제물
중에 지극히 거룩한 것이니라 4 네가 화덕에 구운 것으로 소제의 예물을 드리
려거든 고운 가루에 기름을 섞어 만든 무교병이나 기름을 바른 무교전병을 드
릴 것이요 5 철판에 부친 것으로 소제의 예물을 드리려거든 고운 가루에 누룩
을 넣지 말고 기름을 섞어 6 조각으로 나누고 그 위에 기름을 부을지니 이는 소
제니라 7 네가 냄비의 것으로 소제를 드리려거든 고운 가루와 기름을 섞어 만
들지니라 8 너는 이것들로 만든 소제물을 여호와께로 가져다가 제사장에게 줄
것이요 제사장은 그것을 제단으로 가져가서 9 그 소제물 중에서 기념할 것을
가져다가 제단 위에서 불사를지니 이는 화제라 여호와께 향기로운 냄새니라 10
소제물의 남은 것은 아론과 그의 아들들에게 돌릴지니 이는 여호와의 화제물
중에 지극히 거룩한 것이니라 11 너희가 여호와께 드리는 모든 소제물에는 누
룩을 넣지 말지니 너희가 누룩이나 꿀을 여호와께 화제로 드려 사르지 못할지
니라 12 처음 익은 것으로는 그것을 여호와께 드릴지나 향기로운 냄새를 위하
여는 제단에 올리지 말지며 13 네 모든 소제물에 소금을 치라 네 하나님의 언약
의 소금을 네 소제에 빼지 못할지니 네 모든 예물에 소금을 드릴지니라 14 너
는 첫 이삭의 소제를 여호와께 드리거든 첫 이삭을 볶아 찧은 것으로 네 소제
를 삼되 15 그 위에 기름을 붓고 그 위에 유향을 더할지니 이는 소제니라 16 제
사장은 찧은 곡식과 기름을 모든 유향과 함께 기념물로 불사를지니 이는 여호
와께 드리는 화제니라

말씀 돋보기 - 관찰

1 곡물 제사에는 세 종류가 있다. 먼저, 요리하지 않은 소제와 요리한 소제 그리고 첫 열매 소제가 있다. 그 중 요리하지 않은 소제 예물은 무엇으로 드려야 하는가?(레 2:1)

Tip 소제는 고운 가루로 드려야 한다. 이 히브리어 단어의 의미는 잘 갈아서 곱게 빻은 가루를 의미하는 것이 아니라 가장 최상품이어야 한다는 뜻이다. 간 가루를 채로 걸러 가장 고운 입자들을 분리한 후, 체 아래에 남은 제일 질이 좋은 가루를 뜻하며 이 가루를 만드는 일은 많은 노력과 노동을 필요로 했다. "고운 것"은 곱게 빻은 가루의 형태가 아니라 최상품의 질을 강조하는 단어이다. 아브라함의 아내 사라가 손님들을 위하여 음식을 만들 때 이런 가루를 사용했다(창 18:6).

2 요리한 소제는 어떻게 구분하는가?(레 2:4-7)

Tip 요리한 곡물을 소제로 드릴 때 사용하는 도구들도 다양하다. 화덕(4절), 철판/빵 굽는 판(5절), 냄비/솥(7절). 이 도구들은 경제적인 여건에 따라 다양한 계층의 사람들이 요리를 위해 사용했던 것들이다. 형편이 되는 사람들은 화덕이나 철판을 주로 사용했지만, 가난한 사람들은 상대적으로 값이 비싼 화덕이나 철판을 소유할 수 없어서 냄비/솥에 요리를 했다. 하나님께서 화덕이나 철판에서 구운 곡물들만 받으시는 것이 아니라 냄비/솥에서 볶은 것도 받으신다는 것은 예배와 제물에 있어서 경제적인 여건에 따라 사람을 차별하지 않으신다는 것을 암시한다.

3 소제물의 일부만 기념물로 제단 위에서 불사르고 나머지는 누구에게 돌렸으며 그 의미는 무엇인가?(레 2:3, 10)

....

의미:

....

....

Tip 제사장은 예배자가 가져온 곡물의 일부를 향과 기름을 곁들여 제단에서 태우고 나머지는 자신들 몫으로 챙겼다(3,10절). 제단에서 곡물의 일부만이 불살라졌지만, 이 예식은 하나님께서 예배자가 드린 모든 것을 받으신 것을 의미한다. 그래서 제사장의 몫은 하나님이 받으신 예물을 주님이 제사장들에게 하사하신 것을 뜻한다. 그러므로 제사장의 몫은 "가장 거룩하다"(3, 10절). 아무나 함부로 대할 수 없으며, 하나님이 주신 예물을 먹는 제사장은 더욱더 자신을 성찰하고 경건하게 몸과 마음을 다스려야 함을 암시한다.

소제는 제사장들의 가장 중요한 수입원이 되었다. 백성들이 제물로 가져온 곡물 중에 지극히 적은 양만 상징적으로 태우고, 나머지는 모두 제사장들의 몫이었기 때문이다.

4 소제물에 첨가해야 하는 것은 무엇이며, 첨가를 금하는 것 두 가지는 무엇인가?(레 2:11, 13)

첨가물:

....

첨가 금지물:

....

Tip 소제물에 첨가하는 것은 소금이다(13절). 제물에 더해지는 소금은 "너의 하나님의 언약의 소금"이라고 불리는 것을 보면 언약에 따라 하나님께 드리는 모든 제물에 소금이 더해졌던 것을 짐작할 수 있다. 제사장들은 짐승을 포함한 모든 제물에 소금을 뿌렸다. 고대근동에서 쌍방이 계약을 맺으면 함께 음식을 먹음으로써 그 계약을 체결했는데 이 예식에서 가장 중요한 부분이 함께 소금을 나누는 일이었다. 소금을 나눈 사람들은 동일한 책임과 의무로 함께 묶었던 것이다.

반면에 소제물에 누룩이나 꿀을 첨가하는 것을 금한다. 누룩은 이집트를 떠나던 날인 유월절 규례에서도 금지된 품목이다(출 12:15; 13:3, 7).

• 누룩 : 출애굽 상징, 누룩은 부패의 상징
• 꿀 : 대추야자, 포도즙 등을 끓여서 만든 일종의 시럽(조청). 우상 숭배에 사용

5 첫 열매 소제의 의미는 무엇인가?(레 2:14)

Tip 이 소제는 주의 백성이 수확한 모든 곡식이 하나님의 선물임을 고백하는 의미이다. 또한 소제는 주의 백성의 수고의 열매이므로(출 23:16; 레 23:17), 그들의 모든 수고를 성결하게 하는 효과를 지녔다. 이 소제 역시 하나님과 이스라엘 사이에 맺어진 언약 관계를 상기시키는 의미를 지닌다.
첫 이삭을 가공해서 드리는 소제는 다른 소제들에 비해 가장 훌륭한 재료로 구성되어 있다. 그럼에도 불구하고 이 소제는 다른 소제들이나 번제에 비하여 기룩성이 다소 덜하다고 할 수 있다. 이 소제에는 "여호와께 향기로운 냄새"라는 말이 빠져 있기 때문이다.

〈소제의 교훈〉

교훈	소제의 의미
예배의 자세	예배에 임할 때 무엇을 드리느냐보다 어떻게 예배에 임하느냐에 집중
주권 인정	주님께 받은 것을 드림으로 하나님의 주권과 은혜 인정
지속적 감사	끊임없이 하나님의 은혜에 감사하며 살아야 함
사역 지원	우리의 수입/수확으로 사역자들의 필요를 채워줄 의무
영원한 관계	하나님과의 관계가 영원함을 감사하며 기념해야 함
최상의 제물	하나님께 다른 것보다 상대적으로 더 귀한 제물은 없음
메시아와의 관계	소제는 '세상의 떡'으로 오신 예수님의 모형

삶의 내비게이션 - 적용

1 소제는 지극히 적은 양만을 하나님께 태우고, 나머지는 제사장들의 몫이었다. 사역자들이 의식주에 신경 쓰지 않고 마음껏 사역할 수 있도록 하나님께서 배려하셨던 것이다. 당신이 사역자들의 필요를 채워준 경험에는 무엇이 있는가?

2 하나님은 변하지 않으시는 분이시다. 마치 소금이 변하지 않는 것처럼 우리를 향한 사랑과 충성은 변함이 없으시다. 당신에게 하나님과의 관계를 지속적으로 유지하기 위해 꼭 필요한 소금은 무엇이며, 제거되어야 하는 부패를 상징하는 "누룩"과 우상숭배를 상징하는 "꿀"은 무엇인가?

3 소제는 세상의 떡으로 오신 예수님의 모형이다. 예수님은 자신을 온전히 드리심으로 하나님께 드려졌고, 그것으로 우리에게 생명의 떡이 되셨다. 당신은 드리는 것과 나누는 것의 균형을 이루고 있는가?

생활의 아로마 - 실천

제3주

명령하신 대로

레위기 8:1-21

복습

1 소제물의 일부만 기념물로 제단 위에 불사르고 나머지는 누구에게 돌렸으며 그 의미는 무엇인가?(레 2:3, 10)

의미:

레위기 8:1-21

8:1 여호와께서 모세에게 말씀하여 이르시되 2 너는 아론과 그의
아들들과 함께 그 의복과 관유와 속죄제의 수송아지와 숫양 두
마리와 무교병 한 광주리를 가지고 3 온 회중을 회막 문에 모으
라 4 모세가 여호와께서 자기에게 명령하신 대로 하매 회중이 회
막 문에 모인지라 5 모세가 회중에게 이르되 여호와께서 행하라
고 명령하신 것이 이러하니라 하고 6 모세가 아론과 그의 아들들
을 데려다가 물로 그들을 씻기고 7 아론에게 속옷을 입히며 띠를
띠우고 겉옷을 입히며 에봇을 걸쳐 입히고 에봇의 장식 띠를 띠
워서 에봇을 몸에 매고 8 흉패를 붙이고 흉패에 우림과 둠밈을 넣
고 9 그의 머리에 관을 씌우고 그 관 위 전면에 금 패를 붙이니 곧

거룩한 관이라 여호와께서 모세에게 명령하신 것과 같았더라 10 모세가 관유
를 가져다가 성막과 그 안에 있는 모든 것에 발라 거룩하게 하고 11 또 제단에
일곱 번 뿌리고 또 그 제단과 그 모든 기구와 물두멍과 그 받침에 발라 거룩하
게 하고 12 또 관유를 아론의 머리에 붓고 그에게 발라 거룩하게 하고 13 모세
가 또 아론의 아들들을 데려다가 그들에게 속옷을 입히고 띠를 띠우며 관을 씌
웠으니 여호와께서 모세에게 명령하신 것과 같았더라 14 모세가 또 속죄제의
수송아지를 끌어오니 아론과 그의 아들들이 그 속죄제의 수송아지 머리에 안
수하매 15 모세가 잡고 그 피를 가져다가 손가락으로 그 피를 제단의 네 귀퉁이
뿔에 발라 제단을 깨끗하게 하고 그 피는 제단 밑에 쏟아 제단을 속하여 거룩
하게 하고 16 또 내장에 덮인 모든 기름과 간 꺼풀과 두 콩팥과 그 기름을 가져
다가 모세가 제단 위에 불사르고 17 그 수송아지 곧 그 가죽과 고기와 똥은 진
영 밖에서 불살랐으니 여호와께서 모세에게 명령하심과 같았더라 18 또 번제의
숫양을 드릴새 아론과 그의 아들들이 그 숫양의 머리에 안수하매 19 모세가 잡
아 그 피를 제단 사방에 뿌리고 20 그 숫양의 각을 뜨고 모세가 그 머리와 각 뜬
것과 기름을 불사르고 21 물로 내장과 정강이들을 씻고 모세가 그 숫양의 전부
를 제단 위에서 불사르니 이는 향기로운 냄새를 위하여 드리는 번제로 여호와
께 드리는 화제라 여호와께서 모세에게 명령하심과 같았더라

◈ 건너 뛴 장 내용 요약

- 3장_ 화목제
- 4장_ 속죄제
- 5장_ 속건제
- 6장_ 제사장들의 제사 지침: 번제, 소제, 속죄제
- 7장_ 속건제, 화목제, 제사장의 몫

〈다섯 가지 제사의 요약〉

성구	제사	피를 뿌리는 곳	고기 몫
1장	번제	제단 둘레	하나님
2장	소제	(피가 없음)	(고기가 없음)
3장	화목제	제단 둘레	제사장 + 예배자
4:1–5:13	속죄제	휘장 앞, 제단 뿔	제사장*
5:14–6:7	속건제	제단 둘레	제사장*

* 제사장이 드릴 경우는 예외

말씀 돋보기 - 관찰

1 여호와께서 모세에게 안수식에 사용할 물건을 준비하라고 하시는데 그것은 무엇인가?(레 8:2)

Tip 그들이 입을 의복, 머리에 부을 기름, 제물로 바칠 수소 한 마리, 숫양 두 마리, 그리고 누룩을 넣지 않은 빵 한 바구니가 준비되었다. 머리에 붓기 위해 준비된 기름은 장막/성전에서 사용하기 위해 특별한 방법으로 제조된 올리브 기름이며, 이 기름은 다른 용도로 사용할 수 없다.

※ 빵(세 종류)

누룩을 넣지 않은 빵

누룩 없이 기름만 섞어 만든 과자

누룩 없이 기름만 바른 속 빈 과자

2 안수식은 누가 진행했으며, 누구에게 하는 안수인가?(레 8:5, 12, 13)

누가:

누구에게:

Tip 이 날의 일은 모두 "여호와께서 모세에게 명한 대로"된 것이라는 말씀이 반복되면서 강조되고 있다. 안수식은 여호와께서 명령하신 대로 모세의 주도에 의해 이루어졌으며, 아론과 아들들이 제사장으로 안수를 받게 된다. 아론의 제사장직은 인간의 합리적인 결론(우상숭배를 주동한 아론은 결코 거룩하신 하나님의 제사장이 될 자격이 없다)을 초월한 하나님의 일방적인 은혜였다. 모세가 하나님의 명령대로 안수식을 했다는 사실이 반복적으로 강조되는 것은 제사장직이 처음부터 끝까지 하나님의 계획과 지시에 따라 된 일임을 암시한다. 제사장직은 인간적인 생각에서 비롯된 것이 아니라 전적으로 하나님께로부터 온 제도이다.

3 본문은 모세가 여호와께서 "명령하신 대로" 행한다는 사실을 강조한다. 모두 몇 번 나오며 그 의미는 무엇인가?(레 8:1-21)

Tip 모세는 이 모든 일을 하나님께서 명령하신 말씀에 따라 행하였다. 절차에 대해서, 혹은 하나님의 요구에 대해서 제사장들은 어떠한 문제 제기도 하지 않는다. 반론도 제기하지 않는다. 오직 절대적인 순종이 있을 뿐이다. 모세와 제사장이 하나님의 명령에 절대적으로 순종했다는 것은 안수식 이야기에서 몇 차례나 반복되는 표현이다. 제사장을 세우는 일은 인간의 결정과 의지에 서 비롯된 것이 아니라 하나님께서 하신 일임을 강조한다.

4 아론이 제사장 의복을 입기 전에 물로 씻는 것은 무엇을 의미하는가?(레 8:6)

Tip 제사장 임직식이 있기 전에 아론과 아들들은 다시 한번 자신들을 물로 씻음으로써 성결하게 했다. 물로 씻는 일은 죄로부터 정결하게 되었다는 의미이다. 그러므로 제사장이 될 사람들이 물로 씻는 것은 하나님 앞에서 이 제사장들의 지시에 따라 예배를 드리게 될 주의 백성의 순결한 마음을 상징하기도 한다. '씻는다'의 히브리어 동사가 의미하는 것은 목욕이 아니라 간단히 형식적으로 손과 발을 씻는 것을 뜻한다. 이후에도 제사장들은 성전에서 매일매일 이어지는 사역을 위해서 손과 발만 씻었다.

5 제사장 의복 위에 흉패를 붙이고 그 가슴받이 속에 넣는 것은 무엇인가?(레 8:8)

Tip 모세는 아론에게 흉패/가슴받이를 달아주고, 그 가슴받이 속에 우림과 둠밈을 넣어주었다. 흉패는 에봇처럼 여러 색상의 실로 만들고 에봇에 고정되어 대제사장의 가슴에 거는 장식품으로 약 58㎠ 크기의 포켓이다.

출애굽기에서 흉패가 재판/판결이라는 단어와 함께 등장하는 것으로 보아 이 흉패의 중요성은 정의롭고 공정한 법 이행과 연관되어 있는 듯하다. 구약에서 우림과 둠밈에 대한 언급은 총 7회 등장한다(출 28:30; 레 8:8; 민 27:21; 신 33:8; 삼상 28:6; 스 2:63; 느 7:65). 우림과 둠밈은 하나님의 뜻을 분별하기 위해 사용되다가, 선지자 제도가 활성화되면서 이 기구의 필요성이 점차적으로 쇠퇴한 것으로 보인다.

〈아론의 제사장 의복〉

의복	특징
에봇	5가지 색– 금색, 청색, 자주색 실, 홍색 실, 모시 실 양쪽 어깨– 보석에 새겨진 야곱의 열두 아들의 이름들
흉패(가슴받이)	에봇처럼 여러가지 색상 약 58㎠ 크기의 포켓–12보석(3개씩 네 줄 장식)
우림과 둠밈	흉패 속에 있는 도구로 생김새와 구체적인 사용 방법은 알려지지 않음
금관	금으로 만들어진 장식 띠– “여호와께 성결”이라 쓰임

6 안수식을 마친 후 드린 제사는 무엇인가?(레 8:14, 18)

................................, ...

Tip 모세는 아론과 그의 아들들에게 안수를 한 후에 속죄제와 번제를 드렸다.

속죄제–회막 입구에서 수소를 죽여 적은 양의 피를 받아 제단의 뿔들에 바르고 나머지는 제단 밑에 부었다(15절). 제단에 바른 피는 죄에서 제단을 정결하게 하는 의미를 지녔으며, 제단 밑에 쏟는 피는 하나님께 온전히 드리는 것을 상징한다. 짐승의 내장에 붙어 있는 기름을 떼어 제단에서 태웠고, 고기, 가죽, 똥은 진 밖에서 모두 태웠다. 이것이 제사장의 죄를 씻는 속죄제이다.

번제– 숫양을 제단에서 완전히 불사르는 번제로 드렸다. 숫양은 암염소나 암양보다 더 비싼 짐승이었다. 그러므로 제사장들이 숫양을 드리는 것은 한 단계 더 높은 헌신을 의미한다. 짐승의 모든 것을 태워 바치는 번제는 예배자가 모든 세상적 욕망을 버렸음을 의미한다. 모세는 짐승의 피를 제단 사방에 뿌렸다. 각을 뜬 것과 머리는 기름과 함께 제단에서 불태웠다. 이 제물의 “냄새가 하나님을 기쁘게 한다”(21절) 이 표현은 하나님께서 인정하시고 기뻐하신다는 의미이다.

삶의 내비게이션 - 적용

1 아론은 대제사장으로 내정되어 있었지만 금송아지 사건의 주동자로 미래가 불확실할 수밖에 없었다. 그런데 그가 대제사장으로 취임한다. 이것은 하나님의 놀라운 용서와 은혜를 보여주는 사건이다. 당신이 경험한 하나님의 놀라운 용서와 은혜는 무엇이 있는가?

2 모세는 하나님께서 "명령하신 대로" 행한다. 예배도 하나님 중심으로 하나님께서 명령하신 대로 행하는 것이다. 당신이 하나님의 명령대로 행하는 부분은 무엇인가?

3 예수님이 오신 후 우리는 모두 제사장으로서 살아간다. 제사장들은 물로 씻음으로 하나님께서 요구하신 정결을 유지한다. 당신은 속죄제와 번제를 드리는 제사장처럼 정결하고 세상 욕망에서 자유하며 살고 있는가?

생활의 아로마 - 실천

위험한 성결

레위기 10:1-11

복습

1 본문은 모세가 여호와께서 “명령하신 대로” 행한다는 사실을 강조한다. 모두 몇 번 나오며 그 의미는 무엇인가?(레 8:1-21)

레위기 10:1-11

10:1 아론의 아들 나답과 아비후가 각기 향로를 가져다가 여호와께서 명령하시
지 아니하신 다른 불을 담아 여호와 앞에 분향하였더니 2 불이 여호와 앞에서
나와 그들을 삼키매 그들이 여호와 앞에서 죽은지라 3 모세가 아론에게 이르되
이는 여호와의 말씀이라 이르시기를 나는 나를 가까이 하는 자 중에서 내 거룩
함을 나타내겠고 온 백성 앞에서 내 영광을 나타내리라 하셨느니라 아론이 잠
잠하니 4 모세가 아론의 삼촌 웃시엘의 아들 미사엘과 엘사반을 불러 그들에게
이르되 나아와 너희 형제들을 성소 앞에서 진영 밖으로 메고 나가라 하매 5 그
들이 나와 모세가 말한 대로 그들을 옷 입은 채 진영 밖으로 메어 내니 6 모세
가 아론과 그의 아들 엘르아살과 이다말에게 이르되 너희는 머리를 풀거나 옷
을 찢지 말라 그리하여 너희가 죽음을 면하고 여호와의 진노가 온 회중에게 미
침을 면하게 하라 오직 너희 형제 이스라엘 온 족속은 여호와께서 치신 불로
말미암아 슬퍼할 것이니라 7 여호와의 관유가 너희에게 있은즉 너희는 회막 문
에 나가지 말라 그리하면 죽음을 면하리라 그들이 모세의 말대로 하니라 8 여
호와께서 아론에게 말씀하여 이르시되 9 너와 네 자손들이 회막에 들어갈 때에
는 포도주나 독주를 마시지 말라 그리하여 너희 죽음을 면하라 이는 너희 대대
로 지킬 영영한 규례라 10 그리하여야 너희가 거룩하고 속된 것을 분별하며 부
정하고 정한 것을 분별하고 11 또 나 여호와가 모세를 통하여 모든 규례를 이스
라엘 자손에게 가르치리라

◈ 건너 뛴 장 내용 요약

- 9장_ 성막에서 예배가 시작됨

말씀 돋보기 - 관찰

1 아론의 아들 나답과 아비후가 죽게 된 이유는 무엇인가?(레 10:1-2)

Tip 나답과 아비후가 죽게 된 이유는 하나님이 명하신 불이 아닌 "다른 불/금지된 불"로 향을 피워 하나님께 가져갔기 때문이다. 대부분 번역본들이 "다른 불" 혹은 "인준 받지 않은 불"이라는 말로 번역하지만 뜻은 정확하지 않다. 그러나 이들은 이 일로 하나님이 모세를 통해 주신 율법을 무시하고 여호와를 등한시하는 결과를 초래했다. 하나님께서 지금까지 무엇이 자신이 원하시는 거룩한 예배인지를 정의해 오셨는데, 이들의 행동은 순식간에 이러한 취지를 무시한 형국으로 만들어 버렸다. 결국 거룩과 세속의 구별이 순식간에 무너지는 것을 막기 위해서 하나님께서 이들을 치실 수밖에 없었던 것이다.

※ 다른 불

가능성 1–성막 뜰에 있는 제단의 불(하나님이 지펴주신 불)이 아닌 다른 출처의 불을 사용

가능성 2–잘못된 시간에 향을 드림

가능성 3–향을 엉뚱한 곳으로 가져감

가능성 4–술 취한 상태에서 향을 피웠음

확실한 것은 하나님께서 원하시는 대로 하지 않았다는 사실이다.

2 아들을 잃은 아론에게 주신 하나님의 경고는 무엇인가?(레 10:3)

Tip 하나님은 모세를 통해 "나는 나를 가까이 하는 자 중에서 내 거룩함으로 나타내겠고 온 백성 앞에서 내 영광을 나타내리라"라고 경고하셨다. 아론과 그의 자손들이 하나님 앞에서 제사장직을 맡게 된 것은 진정으로 가문의 영광이었다. 그러나 이 특권은 백성들에게 요구되는 것보다 더 강한 윤리와 성결을 요구했다.

3 제사장에게 회막에 들어올 때 금한 것은 무엇인가?(레 10:9)

....

Tip 모세는 제사장이 회막에 들어올 때 포도주나 독주를 마시는 것을 금했다. 이 금주령은 만일 어기면 죽는다는 매우 심각한 경고를 동반한다. 독주는 곡물 등 다양한 소재로 만든 독한 술로 해석하는 사람들도 있지만, 본문이 말하는 독주는 포도주를 더 발효시킨 강한 도수의 술을 뜻하는 것으로 보인다.

술은 사람들에게 기쁨과 즐거움을 줄 수 있지만(시 104:15; cf. 삿 9:13), 남용하면 오히려 해가 된다(cf. 창 9:20–27; 잠 23:29–35; 31:4–7; 사 5:11–12; 암 2:8). 사도 바울도 성도들에게 술이 아니라 성령에 취하라고 요구했다(엡 5:18).

4 제사장이 술에 취해서는 안되는 이유 두 가지는 무엇인가?(레 10:10-11)

a)

....

....

b)

....

....

Tip 첫째 거룩한 것과 속된 것을 구별해야 하고, 부정한 것과 정한 것을 정확하게 구별하기 위해서이다(10절). 제사장이 만일 술에 취해서 사역한다면 판단력이 흐려져 정확하게 분별할 수 없기 때문이다. 둘째, 백성들에게 하나님의 율법을 제대로 가르치기 위해서이다(11절). 술에 취하면 판단력이 흐려질 뿐만 아니라, 백성들을 말씀으로 가르치는 일이 방해를 받는다는 의미이다.

이 규정은 제사장들이 평소에도 입에 술을 대서는 안된다는 뜻이 아니라 제사를 집례하기 위해서 성막에 들어올 때만 적용되는 것이라는 해석이 일반적이다. 그러나 제사장은 평소에도 술을 입에 대지 않는 것이 바람직한 것으로 간주되었다. 신약도 사역자들에게 모든 행동에 있어서 일반인들보다 더 강력한 순결함을 요구한다(딤전 3:1–7; 딛 1:5–9).

삶의 내비게이션 - 적용

1 나답과 아비후의 죽음은 거룩과 세속의 구분에 대한 하나님의 확실한 메시지이다. 당신이 거룩과 세속을 구분하지 못해서 경험했던 일에는 무엇이 있는가?

2 하나님의 임재가 강할수록 더 강력한 윤리와 성결을 요구하신다. 지금 당신은 거룩한 삶을 유지하기 위해 어떤 노력을 하는가?

3 하나님은 제사장들에게 포도주와 독주를 금하신다. 당신의 성결한 삶을 흐리게 하는 요소에는 무엇이 있는가?

생활의 아로마 - 실천

음식을 통한 예배

레위기 11:1–19

복습

1 아들을 잃은 아론에게 주신 하나님의 경고는 무엇인가? (레 10:3)

레위기 11:1-19

11:1 여호와께서 모세와 아론에게 말씀하여 이르시되 2 이스라엘 자손에게 말하
여 이르라 육지의 모든 짐승 중 너희가 먹을 만한 생물은 이러하니 3 모든 짐승
중 굽이 갈라져 쪽발이 되고 새김질하는 것은 너희가 먹되 4 새김질하는 것이나
굽이 갈라진 짐승 중에도 너희가 먹지 못할 것은 이러하니 낙타는 새김질은 하
되 굽이 갈라지지 아니하였으므로 너희에게 부정하고 5 사반도 새김질은 하되
굽이 갈라지지 아니하였으므로 너희에게 부정하고 6 토끼도 새김질은 하되 굽
이 갈라지지 아니하였으므로 너희에게 부정하고 7 돼지는 굽이 갈라져 쪽발이
로되 새김질을 못하므로 너희에게 부정하니 8 너희는 이러한 고기를 먹지 말고
그 주검도 만지지 말라 이것들은 너희에게 부정하니라 9 물에 있는 모든 것 중
에서 너희가 먹을 만한 것은 이것이니 강과 바다와 다른 물에 있는 모든 것 중
에서 지느러미와 비늘 있는 것은 너희가 먹되 10 물에서 움직이는 모든 것과 물
에서 사는 모든 것 곧 강과 바다에 있는 것으로서 지느러미와 비늘 없는 모든
것은 너희에게 가증한 것이라 11 이들은 너희에게 가증한 것이니 너희는 그 고
기를 먹지 말고 그 주검을 가증히 여기라 12 수중 생물에 지느러미와 비늘 없는
것은 너희가 혐오할 것이니라 13 새 중에 너희가 가증히 여길 것은 이것이라 이
것들이 가증한즉 먹지 말지니 곧 독수리와 솔개와 물수리와 14 말똥가리와 말
똥가리 종류와 15 까마귀 종류와 16 타조와 타흐마스와 갈매기와 새매 종류와
17 올빼미와 가마우지와 부엉이와 18 흰 올빼미와 사다새와 너새와 19 황새와
백로 종류와 오디새와 박쥐니라

말씀 돋보기 - 관찰

1 레위기10:10에 의해 정한 것과 부정한 것의 구분법을 모세와 아론에게 말씀하시는 이유는 무엇인가?(레 11:2)

Tip 하나님은 레위기 10:10에서 "너희는 거룩한 것과 속된 것을 구별하여야 하고, 부정한 것과 정한 것을 구별하여야 한다"라고 지시하셨는데 11장에서부터 거룩한 것과 속된 것, 부정한 것과 정한 것의 구분법을 논하고 있다.
이 말씀을 하실 때 모세와 아론을 함께 부르신 것은 제사장의 기본적인 사역 중 하나가 백성들에게 정결한 것과 부정한 것에 대하여 가르치는 일이기 때문으로 보인다.
모세의 규례: 백성들의 공중 위생 + 종교적인 헌신 유도

2 이스라엘 자손들이 먹을 수 있는 짐승의 두 가지 조건은 무엇인가?(레 11:3)

a)

b)

Tip 주의 백성이 음식으로 먹을 수 있는 짐승은 두 가지 조건을 갖추어야 한다. (1) 굽이 갈라짐, (2) 새김질. 여기서 '갈라진 굽'은 '굽이 있는'이 더 정확한 번역으로 보인다. 새김질은 먹이를 씹을 때 위턱과 아래턱이 옆으로 움직이는 것을 의미한다. 굽이 자라고 새김질하는 짐승은 고대 사회에 이미 가축화되고 풀만 먹는 짐승을 뜻한다. 이 기준에 적합한 짐승은 소, 양, 염소 등이다. 신명기 14:5은 여기에 일곱 가지 야생동물을 더한다.

〈레위기 11장과 신명기 14장 비교〉

	레위기 11장	신명기 14장
땅에 사는 짐승	같은 두 가지 기준 동일한 금지 동물 목록	기준: 갈라진 굽과 새김질 허용: 집에서 키우거나 사냥한 동물 10가지 금지: 낙타, 토끼, 사반/오소리
물 속에 사는 것들	같음	기준:비늘과 지느러미
새들	거의 동일한 새 목록 일반적인 기준이 없음	금지된 새 목록 일반적인 기준이 없음
날개 달린 곤충	거의 같음. 네가지 메뚜기는 허용 기준: 발과 다리가 있어 뛸 수 있는 것	거의 모든 것을 금지하는 원칙
금지 1	정확히 규정되지 않음	금지: 모든 종류의 죽은 짐승
금지 2	없음	금지: 어미의 우유에 새끼를 삶는 일
금지 3	금지: 짐승이나 수륙양생 파충류를 먹거나 주검을 만지는 것. 여덟 가지로 구성된 목록	없음
금지 4	금지: 배로 기어 다니는 모든 것 네 발 혹은 여러 발로 기어 다니는 것들	없음

3 새김질하고 굽이 갈라진 짐승 중에서 먹을 수 없는 네 가지는 무엇인가?(레 11:4-7)

Tip 새김질과 굽이 있는 것 중 한 가지 조건만 충족시키면 먹지 못하는데 그 종류는 낙타, 오소리, 토끼, 돼지이다.
정한 짐승과 부정한 짐승의 유일한 차이를 주의 백성이 먹을 수 있는 것과 먹을 수 없는 것으로 규정한다. 즉 부정한 짐승이라 해서 본질적으로 윤리적, 건강적인 문제를 유발한다는 이치는 포함되지 않는다. 그러므로 이 율법은 부정한 짐승을 혐오하는 것보다는 이 짐승들을 특별히 보호하려는 창조주의 의도가 있다는 것을 알 수 있다.

4 물고기를 구분하는 기준은 무엇이며, 그 이유는 무엇인가?(레 11:9)

기준:

이유:

Tip 물고기를 구분하는 기준은 지느러미와 비늘이 있는가이다. 지느러미와 비늘은 물고기가 물 속에서 움직이는데 필수적이다. 이집트 사람들과 로마 사람들도 비늘이 없는 물고기는 먹지 않았다고 한다. 지느러미가 없는 것들은 대체로 정상적으로 헤엄쳐 다니는 것들이 아니다. 이 종류의 물고기들은 주로 바닥에서 먹이를 찾는다. 바닥에 쌓인 것들을 접하다 보니 이 물고기들은 그만큼 병균과 기생충에 노출될 확률이 높다.

5 새는 일정한 기준이나 원칙을 제시하지 않고 부정한 것들을 나열하고 있다. 이 새들의 공통점은 무엇인가?(레 11:13-19)

Tip 새들에 관해서는 어떠한 구분 기준도 언급하지 않고 직접 종류를 말씀하신다. 이곳에서 식용이 금지된 새들은 대체로 다른 짐승들과 새를 잡아 먹을 뿐만 아니라 죽은 짐승들도 먹는 것들이다. 율법이 정결한 새를 정하고 있지 않아 학자들은 대체로 각종 비둘기, 각종 닭과 메추라기, 사육한 오리, 집참새를 정결한 것으로 보고 있다.

삶의 내비게이션 - 적용

1 본문에서 제시하는 음식법은 주의 백성과 이방인을 구분하는 경계선이 되었으나, 신약성경은 이 음식법이 우리에게 더이상 적용되지 않는다고 한다(막 7:14-23; 엡 2:11-21; 행 10:9-16, 34-35). 그래서 우리가 즐겨먹는 돼지고기 삼겹살, 오징어 회, 장어 구이, 홍어찜 등을 마음껏 먹을 수 있게 되었다. 당신에게 먹을 수 있어서 다행이고 감사한 것은 무엇인가?

2 정결한 것과 부정한 것을 구분하는 것은 논리나 이성으로 이해되지 않는다. 다만 하나님께서 정하신 것을 순종하는 것이다. 이와 같이 예배 의식과 성경에서도 이해가 안되는 부분을 하나님께서 원하시는 대로 순종해야 한다. 예배의 요구 조건은 우리의 이해가 아니라 순종이다. 당신이 신앙 생활에서 이해가 되지 않지만 순종하는 것은 무엇인가?

3 구약의 성결이 외향적인 것에 집중되어 있다면 예수님은 내면의 성결에 초점을 맞추신다. 당신은 바리새인처럼 겉모습의 정결에만 신경을 쓰고 있는가 아니면 예수님처럼 내면의 성결을 위해 애쓰고 있는가?

생활의 아로마 - 실천

제6주

출산과 정결

레위기 12:1–8

복습

1 레위기 10:10에 의해 정한 것과 부정한 것의 구분법을 모세와 아론에게 말씀하시는 이유는 무엇인가?(레 11:2)

....

....

레위기 12:1-8

12:1 여호와께서 모세에게 말씀하여 이르시되 2 이스라엘 자손에
게 말하여 이르라 여인이 임신하여 남자를 낳으면 그는 이레 동
안 부정하리니 곧 월경할 때와 같이 부정할 것이며 3 여덟째 날
에는 그 아이의 포피를 벨 것이요 4 그 여인은 아직도 삼십삼 일
을 지내야 산혈이 깨끗하리니 정결하게 되는 기한이 차기 전에는
성물을 만지지도 말며 성소에 들어가지도 말 것이며 5 여자를 낳
으면 그는 두 이레 동안 부정하리니 월경할 때와 같을 것이며 산
혈이 깨끗하게 됨은 육십육 일을 지내야 하리라 6 아들이나 딸이
나 정결하게 되는 기한이 차면 그 여인은 번제를 위하여 일 년 된
어린 양을 가져가고 속죄제를 위하여 집비둘기 새끼나 산비둘기
를 회막 문 제사장에게로 가져갈 것이요 7 제사장은 그것을 여호

와 앞에 드려서 그 여인을 위하여 속죄할지니 그리하면 산혈이 깨끗하리라 이
는 아들이나 딸을 생산한 여인에게 대한 규례니라 8 그 여인이 어린 양을 바치
기에 힘이 미치지 못하면 산비둘기 두 마리나 집비둘기 새끼 두 마리를 가져다
가 하나는 번제물로, 하나는 속죄제물로 삼을 것이요 제사장은 그를 위하여 속
죄할지니 그가 정결하리라

말씀 돋보기 - 관찰

1 출산한 아이가 남아인가 여아인가에 따라 부정한 기간과 정결하게 되는 기간이 다르다. 각각 몇 일인가?(레 12:2-5)

남자 **부정한 기간:** , **정결하게 되는 기간:**

여자 **부정한 기간:** , **정결하게 되는 기간:**

Tip 출산한 아이의 성별에 따라 부정한 기간과 정결하게 되는 기간이 다르다. 고대 이집트, 그리스, 아프리카 등에서도 이러한 풍습이 발견되었다.
남아를 출산한 경우 산모는 7일 동안 부정하며, 33일 동안의 정결 기간을 거쳐야 한다. 여아를 출산한 경우 산모는 14일 동안 부정하며, 66일 동안 정결 기간을 거쳐야 한다. 이 기간 동안 산모는 거룩한 물건을 만지거나 성소에 드나들 수 없다.

2 성별에 따라 부정한 기간과 정결하게 되는 기간이 다른 이유는 무엇인가?(레 12:2-5)

Tip 성별에 따른 부정한 기간과 정결하게 되는 기간이 다른 이유에 대해서 다양한 의견들이 있으나, 가장 가능성 있는 해석은 여자만이 지니고 있는 신비로운 생

명 생산력 때문이라는 해석이다. 물론 남자도 생명이 탄생하는데 일조하는 것은 사실이지만, 근본적으로 여자가 아이를 자궁에서 기르고 세상에 내놓기 때문이다. 하나님은 생명을 탄생시키는 축복을 여자에게 주셨으므로, 이런 면에서 여자는 남자보다 더 하나님을 닮았다. 이러한 관점에서 다음 세대에 생명을 탄생시킬 여자 아이가 태어난 것을 기뻐하고 기념하기 위한 것이다. 또한 여자 아이를 탄생시킨 엄마를 더 오랫동안 보호하는 차원에서 배나 긴 기간 동안 부정하게 한 것(viz., 남편의 접근을 막기 위하여)으로 풀이할 수 있다.
이 해석은 율법에 이웃의 국가들과는 대조적으로 이스라엘은 여자의 중요성을 의식해야 한다는 의미도 있음을 보여 준다. 그러나 궁극적으로 성경에서 침묵하는, 남자 아이와 여자 아이가 서로 다른 기간의 부정함을 동반하는 것은 하나의 미스터리로 남을 수 밖에 없다.

3 산모가 정결하게 되는 기간을 마치면 번제와 함께 드리는 제사는 무엇이며, 제사를 드리는 목적은 무엇인가?(레 12:6-7)

제사:

목적:

Tip 산모는 번제와 함께 속죄제를 드려야 한다. 그 목적은 부정해서 죄를 속죄하기 위해서가 아니라 출산에 관련된 피흘림의 정결을 위해서이다. 저자는 산모가 피로 인하여 부정하게/더럽게 되었다는 말을 반복한다(4, 5, 7절). 제사장은 산모에게 제물을 받은 후 그녀를 속죄하여 피로 더럽게 된 몸이 깨끗하게 되도록 해야 한다(7절). 즉 산모가 부정한 것은 출산이 죄와 연관되어서가 아니라, 피흘림과 연관되어서이다. 성경에 의하면 아이를 출산하는 것은 자연스러운 현상이며, 창조 때부터 하나님께서 내려주신 축복이었다(창 1:26-28). 죄로 인해 여인에게 더하여 진 것은 해산의 고통이었지 출산 자체가 심판의 결과는 아니다(창 3:16). 그러므로 출산은 여자만이 누릴 수 있는 아름다운 경험이며 하나님의 축복이다.
산모가 아이를 낳으면 2-6주 동안 자궁에서 분비물이 배출되는 것이 정상이다. 처음에는 색깔이 붉은색이다가 점차적으로 묽어진다. 이때의 분비물을 월경 때의 분비물처럼 취급하여 부정하다고 한다(cf. 2,5절). 그러므로 월경을 하는 여인의 경우처럼 누구든지 산모가 만진 것(cf.15:19), 혹은 눕거나 앉아 있던 것을 만지면 부정하게 된다(cf.15:20-23). 산모를 부정하다고 규정하는 것은 여자가 가장 연약할 때 보호하려는 창조주의 은총을 바탕으로 한다.

*산모가 드리는 속죄제는 죄를 대속하기 위한 것이 아니라 **정결제**, **정화제**에 해당한다.

4 부정을 해결하는 방법으로 제사 때 사용되는 제물은 무엇인가?(레 12:6-8)

번제:

속죄제:

Tip

산모는 정결한 기간이 지난 다음에 성선/상막에 가서 제물을 드려야 한다. 번제로 바칠 1년 된 양 한 마리와 속죄제로 드릴 집비둘기 혹은 산비둘기 한 마리를 드린다(6절). 만일 형편이 어려우면 산비둘기 혹은 집비둘기 두 마리를 가져다 하나는 번제로 하나는 속죄제로 드릴 수 있다(8절). 드리는 자의 경제 형편에 대한 배려가 강조된다. 제물이 예배에 임하는 자의 마음만큼 중요한 것은 아니라는 의미이다. 신약에서 예수님의 어머니 마리아는 비둘기 두 마리를 예물로 드렸는데(눅 2:21-24), 이는 가난한 자의 예물을 드린 것이다.

〈출산의 정결 조항〉

성별	부정 기간	정결 기간	부정기간의 금지사항	정결의식
남아	7일	33일	-거룩한 물건을 만질 수 없음 -성소 출입 금지 -성관계 금지	-번제를 위한 1년생 양 한마리+속죄제를 위한 집비둘기나 산비둘기 -경제적 어려움 발생시: 집비둘기나 산비둘기 두 마리로 번제와 속죄제로 나누어 드림
여아	14일	66일		

5 남자 아이는 몇 일만에 할례를 받았는가? 그 의미는 무엇인가?

할례:

의미:

Tip 남자 아이가 태어나면 8일째 되는 날 할례를 행해야 한다. 이것은 이미 아브라함에게도 주신 규정이다(cf. 창 17장). 8일째 할례를 행하는 것은 7일 동안의 창조와 연관이 있을 것으로 학자들은 추측한다. 아브라함의 후손과 언약을 맺고 그 증표로 한 주를 새로이 시작하는 8일째 되는 날 할례를 행하도록 하신 것은 새로운 창조를 의미하기 때문이다.

삶의 내비게이션 - 적용

1 산모가 제사를 드리는 이유는 다시 하나님께 나아가기 위해서이다. 당신은 오랫동안 교회에 나가지 못한 경험이 있는가? 하나님께 나오지 못했던 상황은 무엇이었는가?

2 이스라엘이 정결한 기간과 한국의 산후조리 기간의 차이점과 공통점은 무엇인가?

3 남녀의 정결한 기간의 차이를 남녀의 차이로 볼 수도 있다. 그러나 그 차이는 여성을 위한 하나님의 축복의 시간이라는 것을 알 수 있다. 남성이라 혹은 여성이라 차이를 느끼지만 때로는 그것이 축복이라고 생각되는 것은 무엇이 있는가?

4 산모는 정결제를 드릴 때 그 형편에 따라 제물이 다르다. 제물이 예배에 임하는 자의 마음만큼 중요한 것은 아니라는 의미이다. 당신은 어떤 마음으로 하나님께 나아가는가?

생활의 아로마 - 실천

제7주

주 나의 죄 다 씻은 날

레위기 16:1–28

복습

1 성별에 따라 부정한 기간과 정결한 기간이 다른 이유는 무엇인가?(레 12:2-5)

2 산모가 정결하게 되는 기간을 마치면 번제와 함께 드리는 제사는 무엇이며, 제사를 드리는 목적은 무엇인가?(레 12:6-7)

제사:

목적:

레위기 16:1-28

16:1 아론의 두 아들이 여호와 앞에 나아가다가 죽은 후에 여호와께서 모세에
게 말씀하시니라 2 여호와께서 모세에게 이르시되 네 형 아론에게 이르라 성소
의 휘장 안 법궤 위 속죄소 앞에 아무 때나 들어오지 말라 그리하여 죽지 않도
록 하라 이는 내가 구름 가운데에서 속죄소 위에 나타남이니라 3 아론이 성소
에 들어오려면 수송아지를 속죄제물로 삼고 숫양을 번제물로 삼고 4 거룩한 세
마포 속옷을 입으며 세마포 속바지를 몸에 입고 세마포 띠를 띠며 세마포 관
을 쓸지니 이것들은 거룩한 옷이라 물로 그의 몸을 씻고 입을 것이며 5 이스라
엘 자손의 회중에게서 속죄제물로 삼기 위하여 숫염소 두 마리와 번제물로 삼
기 위하여 숫양 한 마리를 가져갈지니라 6 아론은 자기를 위한 속죄제의 수송
아지를 드리되 자기와 집안을 위하여 속죄하고 7 또 그 두 염소를 가지고 회막
문 여호와 앞에 두고 8 두 염소를 위하여 제비 뽑되 한 제비는 여호와를 위하
고 한 제비는 아사셀을 위하여 할지며 9 아론은 여호와를 위하여 제비 뽑은 염
소를 속죄제로 드리고 10 아사셀을 위하여 제비 뽑은 염소는 산 채로 여호와 앞
에 두었다가 그것으로 속죄하고 아사셀을 위하여 광야로 보낼지니라 11 아론은
자기를 위한 속죄제의 수송아지를 드리되 자기와 집안을 위하여 속죄하고 자
기를 위한 그 속죄제 수송아지를 잡고 12 향로를 가져다가 여호와 앞 제단 위에
서 피운 불을 그것에 채우고 또 곱게 간 향기로운 향을 두 손에 채워 가지고 휘
장 안에 들어가서 13 여호와 앞에서 분향하여 향연으로 증거궤 위 속죄소를 가
리게 할지니 그리하면 그가 죽지 아니할 것이며 14 그는 또 수송아지의 피를 가
져다가 손가락으로 속죄소 동쪽에 뿌리고 또 손가락으로 그 피를 속죄소 앞에
일곱 번 뿌릴 것이며 15 또 백성을 위한 속죄제 염소를 잡아 그 피를 가지고 휘
장 안에 들어가서 그 수송아지 피로 행함 같이 그 피로 행하여 속죄소 위와 속
죄소 앞에 뿌릴지니 16 곧 이스라엘 자손의 부정과 그들이 범한 모든 죄로 말미
암아 지성소를 위하여 속죄하고 또 그들의 부정한 중에 있는 회막을 위하여 그
같이 할 것이요 17 그가 지성소에 속죄하러 들어가서 자기와 그의 집안과 이스
라엘 온 회중을 위하여 속죄하고 나오기까지는 누구든지 회막에 있지 못할 것
이며 18 그는 여호와 앞 제단으로 나와서 그것을 위하여 속죄할지니 곧 그 수송
아지의 피와 염소의 피를 가져다가 제단 귀퉁이 뿔들에 바르고 19 또 손가락으
로 그 피를 그 위에 일곱 번 뿌려 이스라엘 자손의 부정에서 제단을 성결하게

할 것이요 20 그 지성소와 회막과 제단을 위하여 속죄하기를 마친 후에 살아 있
는 염소를 드리되 21 아론은 그의 두 손으로 살아 있는 염소의 머리에 안수하여
이스라엘 자손의 모든 불의와 그 범한 모든 죄를 아뢰고 그 죄를 염소의 머리
에 두어 미리 정한 사람에게 맡겨 광야로 보낼지니 22 염소가 그들의 모든 불의
를 지고 접근하기 어려운 땅에 이르거든 그는 그 염소를 광야에 놓을지니라 23
아론은 회막에 들어가서 지성소에 들어갈 때에 입었던 세마포 옷을 벗어 거기
두고 24 거룩한 곳에서 물로 그의 몸을 씻고 자기 옷을 입고 나와서 자기의 번
제와 백성의 번제를 드려 자기와 백성을 위하여 속죄하고 25 속죄제물의 기름
을 제단에서 불사를 것이요 26 염소를 아사셀에게 보낸 자는 그의 옷을 빨고 물
로 그의 몸을 씻은 후에 진영에 들어갈 것이며 27 속죄제 수송아지와 속죄제 염
소의 피를 성소로 들여다가 속죄하였은즉 그 가죽과 고기와 똥을 밖으로 내다
가 불사를 것이요 28 불사른 자는 그의 옷을 빨고 물로 그의 몸을 씻은 후에 진
영에 들어갈지니라

◈ **건너 뛴 장 내용 요약**

- 13장_ 피부병 진단방법
- 14장_ 피부병 완치와 정결방법
- 15장_ 남녀의 유출병

말씀 돋보기 - 관찰

1 대제사장이 지성소에 아무 때나 들어가면 안되는 이유는 무엇인가? (레 16:2)

Tip 지성소는 너무 거룩하여 죽지 않게 하기 위하여 평소에 출입이 금지되는 곳으로, 그곳에 소장되어 있는 법궤의 덮개 때문에 아무 때나 들어가면 안된다(2절). 법궤의 덮개를 속죄소라고도 하는데 이 이름은 덮개의 모형이나 법궤의 기능에서 비롯된 것이 아니라, 속죄일에 감당하는 역할 때문에 주어졌다. 이 용기의 히브리어 이름은 속죄일의 이름의 어근이 되는 동사 "덮다"에서 파생한 명사인데, 성경에서는 이 동사가 물건 등을 덮는 것 등 물리적인 덮음을 뜻하는데 사용되는 것이 아니라, 죄를 덮어 깨끗하게/정결하게 한다는 의미로 사용된다. 우리는 히브리서 9-10장에서 그리스도께서 완전한 대속 제물이 되어 주셔서 지성소에 나갈 수 있게 되었다.

2 속죄일에 대제사장이 성소에 들어갈 때 갖추어야 할 조건은 무엇인가?(레 16:3-5)

제물:

예복:

Tip 1년 중 가장 거룩한 제사를 드리는 이날은 제사를 주관할 대제사장도 빈틈없이 자신을 준비해야 한다. 그는 먼저 자신을 위해서 속죄 제물로 드릴 수송아지 한 마리와 번제물로 드릴 숫양 한 마리를 바쳐야 한다. 비록 대제사장이 모든 이스라엘을 대표하는 사람이지만, 하나님 앞에 설 때는 그들과 전혀 다를 바 없는 죄인이기 때문이다.

대제사장은 평상시에 입던 옷을 벗고 이날 입기 위해서 준비한 세마포 옷을 입어야 한다. 평상시에 대제사장이 입었던 옷은 매우 화려했다. 그러나 이날은 화려함이 모두 생략된 옷을 입어야 한다. 속죄일은 그 동안 지은 죄 때문에 슬픔과 수치의 날이기에 평소에 대제사장직과 함께 오는 영광과 명예를 버리고 겸손한 사람의 모습으로 하나님 앞에 서야 한다. 평소에는 제사를 드릴 때는 손과 발만 씻었는데, 이날만큼은 온몸을 씻은 후에 예복을 입어야 한다.

3 속죄일에 대제사장이 자기와 집안을 위해 속죄제 수송아지를 드린 후 다음으로 해야 할 일은 무엇인가?(레 16:8)

....

....

Tip 제사장은 백성들이 준비해 둔 두 염소를 끌어다가 회막 앞에서 제비를 뽑아 제물로 바칠 염소와 광야로 내보낼 염소를 정해야 한다. 여호와를 위해서 뽑힌 한 염소는 속죄제물로 바치고, 아사셀을 위한 염소는 들로 끌고가 방출해야 한다. 이날 드려지는 속죄 제사는 하나이지만, 두 마리의 짐승을 활용하여 죄사함의 두 면모를 강조한다. 대속하는 짐승의 피를 통해 죄가 용서받은 것과 두 번째 짐승을 통해서 하나님께서 용서하신 죄가 잊혀지고 멀리 떠난 것을 확인하는 것이다. 두 염소 중 더 중요한 역할을 하는 것은 두 번째 염소이며, 요한복음에서는 예수님을 "세상 죄를 지고 가는 어린양"(요 1:29)으로 비유하고 있다.

※ 두 염소의 역할

1) 첫 번째 염소: 죽여서 피를 통해 용서받음
– 속죄의 방법(means)

2) 두 번째 염소: 하나님이 용서하신 죄는 잊혀지고 멀리 떠남
– 죄사함의 효과(effect)

※ '아사셀을 위한 염소'의 해석 가능성

1) 염소가 방출되는 한 장소의 이름– 가장 설득력 있음

2) 광야를 지배하는 악한 신

3) "떠나는/떠나보내는 염소"로 해석

4 속죄일의 가장 중요한 부분은 인간의 죄로 인해 오염된 속죄소 정결 예식과 죄를 제거하는 일이다. 각각 어떻게 해결하는가?

정결 예식(16:15–16):

죄를 제거함(16:20–22):

Tip 대제사장은 백성들이 드린 염소를 피를 가지고 들어가 속죄소 앞에서 일곱 번 뿌렸다. 대제사장이 수소와 숫양의 피를 뿌리는 목적은 이렇게 하여, 그는 성소를 성결하게 해야 한다. 이스라엘 자손이 부정을 탔고, 그들이 온갖 죄를 지었으므로, 성소마저 부정을 탔기 때문이다. 부정 탄 백성이 드나들어서, 회막도 부정을 탔기 때문이다. 지난 일년 동안 죄짓고 부정한 백성이 성막을 드나들다 보니 가장 거룩한 지성소도 오염되었기에 이런 정결 예식이 필요했으며, 온 장막의 예식적 부정을 제거하여 성결하게 했다.
이스라엘 백성을 도덕저 부정 즉 죄를 제거하기 위해서는 제비 뽑기로 정해 놓은 '아사셀에 보내는 염소'에 두 손을 얹고 이스라엘 자손이 저지른 온갖 악행과 온갖 반역 행위와 온갖 죄를 모두 자백하고 나서 그 모든 죄를 그 숫염소의 머리에 씌운다(21절). 그 다음 기다리고 있던 사람의 손에 맡겨 그 숫염소를 광야로 보낸다.

5 속죄 제물은 제사장의 몫인데 속죄일의 속죄 제물은 어떻게 처리하는가?(레 16:27)

Tip 백성들의 속죄 제물은 제사장의 몫이지만 이날만큼은 제사장도 자기 몫을 가질 수 없다. 이 날은 대제사장도 죄인의 모습으로 하나님 앞에 섰기 때문이다. 대제사장은 이미 이날의 예배 중에 제물로 잡았던 짐승들(자신을 위한 수소와 백성들을 위한 염소)의 기름을 제단 위에다 놓고 불살라야 한다. 대제사장이 속죄 제물의 기름을 태운 후 사람들은 속죄 제물로 잡은 수소와 숫염소의 주검도 진 밖으로 끌어 내어 모든 것을 태워야 한다.

삶의 내비게이션 - 적용

1 속죄일에는 모든 죄를 덮어주고, 살아있는 염소를 광야로 보내면서 대제사장은 백성들의 온갖 죄를 그 염소에게 전가한다. 당신이 다른 사람의 잘못을 들추어내지 않고 덮어준 경험이나 전가한 경험에는 어떤 것이 있었는가?

2 지성소는 속죄일에만 대제사장 오직 한 사람에게 1년에 한 번 개방되었다. 그러나 우리는 예수 그리스도로 말미암아 매년 이 같은 예식을 반복할 필요가 없으며, 직접 지성소(하나님의 거룩함 앞)로 언제든지 나아가게 되었다. 당신이 예수 그리스도로 말미암아 이 번거로움에서 벗어나 누리고 있는 은혜는 무엇인가?

3 속죄소 보좌에 피를 뿌리는 것은 하나님께 거룩한 색안경을 씌워 드리는 것과 같은 작업이다. 하나님이 거룩한 색안경을 쓰시고 우리를 보시듯이 우리도 타인에게 관대해야 한다. 당신이 관대하게 행하기 위해 실천해야 하는 것에는 무엇이 있는가?

생활의 아로마 - 실천

제8주

거룩한 백성의 사회 윤리

레위기 19:1–25

복습

1 속죄일의 가장 중요한 부분은 인간의 죄로 인해 오염된 속죄소 정결 예식과 죄를 제거하는 일이다. 각각 어떻게 해결하는가?

정결 예식(16:15–16):

죄를 제거함(16:20–22):

레위기 19:1-25

19:1 여호와께서 모세에게 말씀하여 이르시되 2 너는 이스라엘 자
손의 온 회중에게 말하여 이르라 너희는 거룩하라 이는 나 여호
와 너희 하나님이 거룩함이니라 3 너희 각 사람은 부모를 경외하
고 나의 안식일을 지키라 나는 너희의 하나님 여호와이니라 4 너
희는 헛된 것들에게로 향하지 말며 너희를 위하여 신상들을 부
어 만들지 말라 나는 너희의 하나님 여호와이니라 5 너희는 화목
제물을 여호와께 드릴 때에 기쁘게 받으시도록 드리고 6 그 제물
은 드리는 날과 이튿날에 먹고 셋째 날까지 남았거든 불사르라 7
셋째 날에 조금이라도 먹으면 가증한 것이 되어 기쁘게 받으심이

되지 못하고 8 그것을 먹는 자는 여호와의 성물을 더럽힘으로 말미암아 죄를
담당하리니 그가 그의 백성 중에서 끊어지리라 9 너희가 너희의 땅에서 곡식을
거둘 때에 너는 밭 모퉁이까지 다 거두지 말고 네 떨어진 이삭도 줍지 말며 10
네 포도원의 열매를 다 따지 말며 네 포도원에 떨어진 열매도 줍지 말고 가난
한 사람과 거류민을 위하여 버려두라 나는 너희의 하나님 여호와이니라 11 너
희는 도둑질하지 말며 속이지 말며 서로 거짓말하지 말며 12 너희는 내 이름으
로 거짓 맹세함으로 네 하나님의 이름을 욕되게 하지 말라 나는 여호와이니라
13 너는 네 이웃을 억압하지 말며 착취하지 말며 품꾼의 삯을 아침까지 밤새도
록 네게 두지 말며 14 너는 귀먹은 자를 저주하지 말며 맹인 앞에 장애물을 놓
지 말고 네 하나님을 경외하라 나는 여호와이니라 15 너희는 재판할 때에 불의
를 행하지 말며 가난한 자의 편을 들지 말며 세력 있는 자라고 두둔하지 말고
공의로 사람을 재판할지며 16 너는 네 백성 중에 돌아다니며 사람을 비방하지
말며 네 이웃의 피를 흘려 이익을 도모하지 말라 나는 여호와이니라 17 너는 네
형제를 마음으로 미워하지 말며 네 이웃을 반드시 견책하라 그러면 네가 그에
대하여 죄를 담당하지 아니하리라 18 원수를 갚지 말며 동포를 원망하지 말며
네 이웃 사랑하기를 네 자신과 같이 사랑하라 나는 여호와이니라 19 너희는 내
규례를 지킬지어다 네 가축을 다른 종류와 교미시키지 말며 네 밭에 두 종자를
섞어 뿌리지 말며 두 재료로 직조한 옷을 입지 말지며 20 만일 어떤 사람이 다
른 사람과 정혼한 여종 곧 아직 속량되거나 해방되지 못한 여인과 동침하여 설
정하면 그것은 책망을 받을 일이니라 그러나 그들은 죽임을 당하지는 아니하
리니 그 여인이 해방되지 못하였기 때문이니라 21 그 남자는 그 속건제물 곧 속
건제 숫양을 회막 문 여호와께로 끌고 올 것이요 22 제사장은 그가 범한 죄를
위하여 그 속건제의 숫양으로 여호와 앞에 속죄할 것이요 그리하면 그가 범한
죄를 사함 받으리라 23 너희가 그 땅에 들어가 각종 과목을 심거든 그 열매는
아직 할례 받지 못한 것으로 여기되 곧 삼 년 동안 너희는 그것을 할례 받지 못
한 것으로 여겨 먹지 말 것이요 24 넷째 해에는 그 모든 과실이 거룩하니 여호
와께 드려 찬송할 것이며 25 다섯째 해에는 그 열매를 먹을지니 그리하면 너희
에게 그 소산이 풍성하리라 나는 너희의 하나님 여호와이니라

◈ 건너 뛴 장 내용 요약

- 17장: 거룩한 예배와 식생활
- 18장: 거룩한 성생활

말씀 돋보기 - 관찰

1 이스라엘 백성들이 거룩하게 살아야 하는 이유는 무엇인가?(레 19:2)

Tip 이스라엘 백성들은 하나님의 말씀 "너희는 거룩하라 이는 나 여호와 너희 하나님이 거룩함이니라"(2절)에 의해 경건한 삶으로 동기부여하고 있다. 하나님께 제사장의 나라로, 거룩한 백성으로 살라는 소명을 받은 주의 백성들의 삶의 목표는 그들을 부르시고 다른 사람들로부터 구별하신 하나님의 거룩하심(구별됨)을 닮아가는 삶을 사는 것이다. 주를 사랑하는 백성들이 경건한 삶을 추구하는 일에 있어서 '하나님을 닮아가는 것'보다 더 확실한 목적과 명분은 없다. 가나안 종교는 윤리 강령이 없는데 비해 여호와 종교는 윤리 강령을 강조하고 있다.

2 거룩한 백성이 지킬 첫 번째 의무는 무엇인가?(레 19:3a)

Tip 거룩한 백성의 첫 번째 의무는 부모를 공경하는 일이다. 하나님께서 거룩에 대한 말씀을 부모를 공경하라는 말로 시작하는 것은 곧 거룩과 경건은 가정에서부터 시작되어야 함을 의미한다. "공경하다"라는 단어는 백성이 하나님을 대하는 자세를 묘사하는 동사로 자주 쓰이며, 흔히 "경외하다"라는 뜻으로 번역된다. 부모 공경하기를 마치 하나님께 하듯이 하라는 뜻이다. 이 명령의 배경은 노년기의 부모를 돌보지 않거나 방치하지 말고 잘 섬기고 보살피라는 데 있다. 네 부모를 공경하라는 제5계명은 인간관계를 조명하는 첫 번째 계명이며, 인간관계의 요약과 상징성을 지니고 있다.

3 제사장 나라에 속한 사람들의 두 번째 의무는 하나님 경외다. 본문에서 말하는 하나님을 경외하는 세 가지 방법은 무엇인가?(레 19:3b-8)

a)

b)

c)

Tip 하나님을 경외하는 세 가지 일

1) 안식일을 거룩하게 지키는 것(3b)–경건 실천에 사용하라고 요구하심
2) 우상숭배를 하지 않는 것(4절)–우상숭배하는 순간 하나님께 등을 돌리는 것 (마음 속의 우상 숭배: 개인적인 욕심, 목표, 집념, 열정 등)
3) 화목제를 잘 이행하는 것(5절)–가장 작고 보이지 않는 삶의 영역에서도 하나님의 말씀에 순종하라는 상징적인 의미를 지님

* 하나님 경외가 부모 공경보다 뒤에 나오는 이유는 부모 공경을 너무 못해서 강조하기 위해서이다.

4 이스라엘 공동체가 지켜야 할 윤리는 무엇인가?(레 19:9-18)

a) 9–10절:

b) 11–12절:

c) 13–14절:

d) 15–16절:

e) 17–18절:

Tip 거룩하신 하나님께서 거룩하라고 부르신 이스라엘에게 기대하시는 공동체는 세상에서 흔히 볼 수 있는 사회와는 질적으로 다르다. 하나님은 이 섹션에서 이스라엘이 추구하고 준수해야 할 전반적인 가치관을 정의하신다.

- 이스라엘 공동체의 가장 기본적인 바탕은 연약한 자들에 대한 배려이다(9–10절).
- 하나님의 백성들은 서로의 물건을 도둑질, 사기, 속임수를 통해 빼앗아서는 안된다(11–12절).
- 억압하거나 폭력/권력을 행사하여 남의 것을 빼앗아서도 안된다(13–14절).

- 법 앞에서는 모든 사람이 공평한 대우를 받아야 한다(15–16절).
- 같은 공동체에 속한 이웃을 내 몸과 같이 사랑해야 한다(17–18절).
- "욕심이 많고 인색하고 남을 배려하지 않는 사람은 절대 경건한 사람이 아니다."(Kaiser)

〈공동체 윤리〉

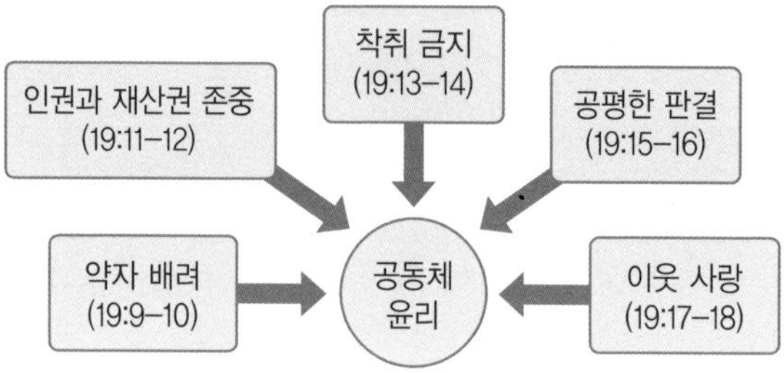

5 짐승, 씨앗, 옷감의 재료를 섞지 말라는 의미와 이유는 무엇인가? (레 19:19)

의미:

....

....

이유:

....

....

Tip 짐승의 경우 종이 서로 다른 것을 교배해서는 안 되며, 씨앗의 경우 같은 밭에 서로 다른 종류의 씨앗을 심어서는 안 된다. 옷감의 경우 서로 다른 종류의 재료를 섞어서 만들면 안 된다. 씨앗과 옷감에 대한 규례는 신명기 22:9, 11에도 나와 있다.

다른 종을 섞어서는 안 되는 이유는 먼저 하나님이 천지만물을 창조하실 때 각 종류별로 하셨는데, 이러한 행위는 각 종류의 독특성을 무너뜨릴 수 있으며, 레위기가 추구하는 '자연스러움'에 위배된다. 또한 신명기 22:9에 암시되어 있듯이 두 종자를 섞어 뿌리면 소산물이 모두 '빼앗김이 되어' 혹은 '성물이 되어' 먹지 못하게 된다고 한다. 종자를 섞어 뿌려 얻은 소산물은 '거룩해져서' 먹지 못하게 된다는 뜻이다.

이스라엘에서 딱 한 곳에서만 섞는 것이 허용되었다. 바로 장막에 있는 법궤를 지키고 있는 천사들은 여러 짐승들의 모양이 섞인 모습을 띠고 있으며(출

25:18-20), 제사장이 입었던 옷은 여러 가지 종류의 색깔의 실을 섞어서 만든 옷감으로 만들었다(출 28장; 39:29). 이와 같이 곡식, 짐승, 심지어 옷감도 섞이면 모두가 거룩하게 되어 일반인은 사용할 수 없고, 성전에 들여 놓아야만 한다. 작물을 섞어서 키우면 어떤 문제가 발생하는 것이 아니라, 거룩해져서 하나님께 속한 것이 되었던 것이다.

6 과일 나무를 심으면 그 열매는 언제부터 먹을 수 있는가?(레 19:23-25)

Tip 과일 나무를 심어 열매가 맺기 시작하면 처음 3년 동안은 그 과일을 먹지 말고, 넷째 해의 소산물을 하나님께 바치고, 다섯째 해부터 먹어야 한다(23-25절). 처음 3년 동안 맺은 과일은 "할례 받지 못한 것"이라고 한다. 아마도 아직 제대로 발달이 된 것도 아니요, 맛도 제 맛이 나지 않아 사람이 먹기에 적합하지 않다는 것을 의미하는 듯하다. 네 번째 해에 맺힌 과일은 하나님께 속한 것이다. 주를 찬양하기 위한 목적으로 제사장에게 가져다 주라는 말이다. 사람들은 다섯 번째 해부터 비로소 과일을 먹을 수 있다. 이 규례를 지키면 하나님은 많은 과일을 복으로 주셔서 수확이 많아질 것이다.

이 율법의 취지는 하나님의 말씀에 순종하여 앞으로 이스라엘이 차지하게 될 가나안 땅이 하나님께서 그들에게 선물로 주신 것임을 고백하라는 것이다.

삶의 내비게이션 - 적용

1 모든 일에 하나님이 우선되어야 한다. 그래서 첫 소산도 하나님께 먼저 드린다. 당신은 그렇게 실천하며 살고 있는가?

2 하나님의 백성은 약자를 배려하고 도움을 줄 때 어떤 부분을 조심해야 하는가?

3 하나님을 경외하는 부분에서 대표적인 세 가지를 제시하는데, 그 중에 당신이 가장 잘 실천하는 것과 실천하기 어려운 것은 무엇인가? 그 이유는 무엇인가?

4 거룩한 삶은 주의 백성이 해도 되고, 안해도 되는 선택 사항이 아니다. 필수 사항이다. 당신은 삶의 여러 영역 중에서 어떤 부분에서 거룩한 삶을 추구해야 하는가?

생활의 아로마 - 실천

제9주

자원해서 드리는 예배

레위기 22:17–33

복습

1 이스라엘 백성들이 거룩하게 살아야 하는 이유는 무엇인가?(레 19:2)

2 제사장 나라에 속한 사람들의 두 번째 의무는 하나님 경외인데 본문에서 말하는 하나님을 경외하는 방법 세 가지는 무엇인가?(레 19:3b -8)

a)

b)

c)

레위기 22:17-33

22:17 여호와께서 모세에게 말씀하여 이르시되 18 아론과 그의 아들들과 이스라
엘 온 족속에게 말하여 이르라 이스라엘 자손이나 그 중에 거류하는 자가 서원
제물이나 자원제물로 번제와 더불어 여호와께 예물로 드리려거든 19 기쁘게 받
으심이 되도록 소나 양이나 염소의 흠 없는 수컷으로 드릴지니 20 흠 있는 것은
무엇이나 너희가 드리지 말 것은 그것이 기쁘게 받으심이 되지 못할 것임이니
라 21 만일 누구든지 서원한 것을 갚으려 하든지 자의로 예물을 드리려 하여 소
나 양으로 화목제물을 여호와께 드리는 자는 기쁘게 받으심이 되도록 아무 흠
이 없는 온전한 것으로 할지니 22 너희는 눈 먼 것이나 상한 것이나 지체에 베
임을 당한 것이나 종기 있는 것이나 습진 있는 것이나 비루먹은 것을 여호와께
드리지 말며 이런 것들은 제단 위에 화제물로 여호와께 드리지 말라 23 소나 양
의 지체가 더하거나 덜하거나 한 것은 너희가 자원제물로는 쓰려니와 서원제
물로 드리면 기쁘게 받으심이 되지 못하리라 24 너희는 고환이 상하였거나 치
었거나 터졌거나 베임을 당한 것은 여호와께 드리지 말며 너희의 땅에서는 이
런 일을 행하지도 말지며 25 너희는 외국인에게서도 이런 것을 받아 너희의 하
나님의 음식으로 드리지 말라 이는 결점이 있고 흠이 있는 것인즉 너희를 위하
여 기쁘게 받으심이 되지 못할 것임이니라 26 여호와께서 모세에게 말씀하여
이르시되 27 수소나 양이나 염소가 나거든 이레 동안 그것의 어미와 같이 있게
하라 여덟째 날 이후로는 여호와께 화제로 예물을 드리면 기쁘게 받으심이 되
리라 28 암소나 암양을 막론하고 어미와 새끼를 같은 날에 잡지 말지니라 29 너
희가 여호와께 감사제물을 드리려거든 너희가 기쁘게 받으심이 되도록 드릴지
며 30 그 제물은 그 날에 먹고 이튿날까지 두지 말라 나는 여호와이니라 31 너
희는 내 계명을 지키며 행하라 나는 여호와이니라 32 너희는 내 성호를 속되게
하지 말라 나는 이스라엘 자손 중에서 거룩하게 함을 받을 것이니라 나는 너희
를 거룩하게 하는 여호와요 33 너희의 하나님이 되려고 너희를 애굽 땅에서 인
도하여 낸 자니 나는 여호와이니라

◈ **건너 뛴 장 내용 요약**

- 20장_ 거룩한 예배, 가족관계, 땅소유
- 21:1-22:16_ 거룩한 제사장직

말씀 돋보기 - 관찰

1 이스라엘 백성들은 서원제물과 자원제물로 무엇을 드려야 하는가?(레 22:19-20)

Tip "서원제"나 "낙헌제/자원제"로 번제를 드릴 때는 흠없는 수소, 숫양, 숫염소로 드려야 한다. 들짐승은 안되며 가축이어야 하며, 숫놈이어야 한다. 번제는 이스라엘 종교의 가장 기본적인 제사였으며, 각 개인이 서원제(하나님께 서원한 것이 이루어졌을 때)와 자원제(범사에 감사)로 자주 드렸다.

2 화목제물로 드릴 수 없는 것은 어떤 것들인가?(레 22:22, 24)

Tip 제물로 드릴 수 없는 "흠"의 조건은 "눈이 먼 것, 다리를 저는 것, 어떤 부위가 잘린 것, 고름을 흘리는 것, 옴이 난 것, 종기가 난 것, 고환이 터지거나 으스러졌거나 빠진 것"(22, 24절)이다. 모두 외형적으로 드러나는 흠이다. 온 우주의 왕이신 하나님께 제물을 드릴 때는 그 분의 품위에 맞게 드려야지 싸구려로 대충 드려서는 안된다.

※ 온전한 것을 드릴 때의 과정과 정성

1) 흠 있는 것보다 가격이 비싸다.
2) 꼼꼼히 살펴봐야 한다.
3) 바치기 전에 흠이 나지 않도록 조심해서 다룬다.
4) 바칠 때 더욱 소중하게 느껴진다.
5) 정성이 이 모든 것을 좌우한다.

〈서원 제물과 자원 제물〉

	서원제물	자원제물
제물의 종류	수소, 숫양, 숫염소(19절)	
제물의 상태	흠이 없는 온전한 짐승(21절)	조그만 흠이 있는 짐승도 허락됨(23절)
흠의 종류	눈이 먼 것, 다리를 저는 것, 어떤 부위가 잘린 것, 고름을 흘리는 것, 옴이 난 것, 종기가 난 것, 고환이 터지거나 으스러졌거나 빠진 것(22, 24절)	
제물의 의도	의무감 반영	강요된 것이 아닌 자원해서

3 "흠이 없는"이라는 조건 이외에도 제물로 적합하지 않는 2가지는 무엇인가?(레 22:27-28)

a)

b)

Tip "흠이 없는"이라는 조건 이외에도 제물로 사용하는 가축은 태어난 지 최소한 8일은 되어야 한다(27절). 너무 어린 짐승은 식용으로 적합하지 않을 뿐만 아니라, 제물로도 적합하지 않다는 것이다. 또한 같은 날 어미와 새끼를 제물로 바쳐서도 안된다(28절). 대체로 제물로 드리는 짐승이 숫놈이었다는 것을 감안할 때 어미와 새끼를 같은 날 드리는 일은 흔하지 않았을 것이다. 그럼에도 불구하고 이런 율법이 제정된 것은 이방 종교의 풍습을 비판하거나, 짐승들에 대한 배려와 자비를 배경으로 하고 있다.

4 하나님께 감사제물을 드릴 때의 조건은 무엇인가?(레 22:29-30)

Tip 제물을 바칠 때는 하나님을 먼저 생각하여 하나님이 기쁘게 받으시도록 해야 한다(29절). 하나님이 원하시는 절차에 따라 원하시는 조건의 제물을 드리라는 것이다. 제물을 받으시는 분이 하나님이기 때문에 당연한 요구이다. 또한 제물로 바쳤던 짐승의 고기는 다음 날 아침까지 남겨 두어서는 안된다.

※ 거룩한 제물의 조건

“하나님이 원하시는 절차” = “하나님이 원하시는 조건” = “하나님이 기쁘게 받으시는 제물”

5 이스라엘 백성들이 계명을 지켜 행해야 하는 이유는 무엇인가? (레 22:31-33)

....

....

Tip 이스라엘은 열심을 내서 이 모든 것을 지켜야 한다(31절). 그렇게 하지 않으면 하나님을 욕되게 하는 행위에 해당한다(32절). 여호와께서는 이스라엘의 하나님이 되시려고 그들을 이집트에서 구원해 내셨다(33절). 하나님은 이스라엘을 이집트의 노예 생활에서 해방시키고 새 소망을 주신 분이시기에 이러한 요구를 할 수 있는 자격이 있으신 것이다.

삶의 내비게이션 - 적용

1 하나님께 제물을 드릴 때는 “흠이 없는 것”을 드려야 했다. 당신이 하나님께 드리기에 속이 쓰리거나 아까웠지만 드렸던 경험에는 무엇이 있었는가?

....

....

....

....

....

2 하나님이 이스라엘을 이집트에서 구원하신 목적은 그들의 하나님이 되시기 위해서였다. 예수님도 우리 삶의 주인이 되시기 위해 우리를 구원하셨다. 당신의 삶의 주인이신 예수님의 뜻에 따라 살기 위해 애쓰고 있는 것은 무엇인가?

3 제물은 하나님께서 기쁘게 받으시도록 해야 하는 것처럼 하나님이 원하시는 절차에 따라야 한다. 당신이 하나님께서 기쁘게 받으시는 온전한 예배를 위해 노력해야 하는 것은 무엇이 있는가?

4 어미와 새끼를 같은 날 잡는 것을 금하며 하나님께서는 동물에게도 배려를 하신다. 당신은 타인에게 어떤 배려를 베풀고 있는가?

생활의 아로마 - 실천

거룩한 경영

레위기 25:1-38

복습

1 하나님께 감사제물을 드릴 때의 조건은 무엇인가?
(레 22: 29-30)

2 이스라엘 백성들이 계명을 지켜 행해야 하는 이유는 무엇인가?(레 22:31-33)

레위기 25:1-38

25:1 여호와께서 시내 산에서 모세에게 말씀하여 이르시되 2 이스라엘 자손에게
말하여 이르라 너희는 내가 너희에게 주는 땅에 들어간 후에 그 땅으로 여호와
앞에 안식하게 하라 3 너는 육 년 동안 그 밭에 파종하며 육 년 동안 그 포도원
을 가꾸어 그 소출을 거둘 것이나 4 일곱째 해에는 그 땅이 쉬어 안식하게 할지
니 여호와께 대한 안식이라 너는 그 밭에 파종하거나 포도원을 가꾸지 말며 5
네가 거둔 후에 자라난 것을 거두지 말고 가꾸지 아니한 포도나무가 맺은 열매
를 거두지 말라 이는 땅의 안식년임이니라 6 안식년의 소출은 너희가 먹을 것
이니 너와 네 남종과 네 여종과 네 품꾼과 너와 함께 거류하는 자들과 7 네 가
축과 네 땅에 있는 들짐승들이 다 그 소출로 먹을 것을 삼을지니라 8 너는 일곱
안식년을 계수할지니 이는 칠 년이 일곱 번인즉 안식년 일곱 번 동안 곧 사십
구 년이라 9 일곱째 달 열흘날은 속죄일이니 너는 뿔나팔 소리를 내되 전국에
서 뿔나팔을 크게 불지며 10 너희는 오십 년째 해를 거룩하게 하여 그 땅에 있
는 모든 주민을 위하여 자유를 공포하라 이 해는 너희에게 희년이니 너희는 각
각 자기의 소유지로 돌아가며 각각 자기의 가족에게로 돌아갈지며 11 그 오십
년째 해는 너희의 희년이니 너희는 파종하지 말며 스스로 난 것을 거두지 말며
가꾸지 아니한 포도를 거두지 말라 12 이는 희년이니 너희에게 거룩함이니라
너희는 밭의 소출을 먹으리라 13 이 희년에는 너희가 각기 자기의 소유지로 돌
아갈지라 14 네 이웃에게 팔든지 네 이웃의 손에서 사거든 너희 각 사람은 그의
형제를 속이지 말라 15 그 희년 후의 연수를 따라서 너는 이웃에게서 살 것이
요 그도 소출을 얻을 연수를 따라서 네게 팔 것인즉 16 연수가 많으면 너는 그
것의 값을 많이 매기고 연수가 적으면 너는 그것의 값을 적게 매길지니 곧 그
가 소출의 다소를 따라서 네게 팔 것이라 17 너희 각 사람은 자기 이웃을 속이
지 말고 네 하나님을 경외하라 나는 너희의 하나님 여호와이니라 18 너희는 내
규례를 행하며 내 법도를 지켜 행하라 그리하면 너희가 그 땅에 안전하게 거주
할 것이라 19 땅은 그것의 열매를 내리니 너희가 배불리 먹고 거기 안전하게 거
주하리라 20 만일 너희가 말하기를 우리가 만일 일곱째 해에 심지도 못하고 소
출을 거두지도 못하면 우리가 무엇을 먹으리요 하겠으나 21 내가 명령하여 여
섯째 해에 내 복을 너희에게 주어 그 소출이 삼 년 동안 쓰기에 족하게 하리라
22 너희가 여덟째 해에는 파종하려니와 묵은 소출을 먹을 것이며 아홉째 해에

그 땅에 소출이 들어오기까지 너희는 묵은 것을 먹으리라 23 토지를 영구히 팔
지 말 것은 토지는 다 내 것임이니라 너희는 거류민이요 동거하는 자로서 나와
함께 있느니라 24 너희 기업의 온 땅에서 그 토지 무르기를 허락할지니 25 만일
네 형제가 가난하여 그의 기업 중에서 얼마를 팔았으면 그에게 가까운 기업 무
를 자가 와서 그의 형제가 판 것을 무를 것이요 26 만일 그것을 무를 사람이 없
고 자기가 부유하게 되어 무를 힘이 있으면 27 그 판 해를 계수하여 그 남은 값
을 산 자에게 주고 자기의 소유지로 돌릴 것이니라 28 그러나 자기가 무를 힘이
없으면 그 판 것이 희년에 이르기까지 산 자의 손에 있다가 희년에 이르러 돌
아올지니 그것이 곧 그의 기업으로 돌아갈 것이니라 29 성벽 있는 성 내의 가옥
을 팔았으면 판 지 만 일 년 안에는 무를 수 있나니 곧 그 기한 안에 무르려니
와 30 일 년 안에 무르지 못하면 그 성 안의 가옥은 산 자의 소유로 확정되어 대
대로 영구히 그에게 속하고 희년에라도 돌려보내지 아니할 것이니라 31 그러나
성벽이 둘리지 아니한 촌락의 가옥은 나라의 전토와 같이 물러 주기도 할 것이
요 희년에 돌려보내기도 할 것이니라 32 레위 족속의 성읍 곧 그들의 소유의 성
읍의 가옥은 레위 사람이 언제든지 무를 수 있으나 33 만일 레위 사람이 무르지
아니하면 그의 소유 성읍의 판 가옥은 희년에 돌려 보낼지니 이는 레위 사람의
성읍의 가옥은 이스라엘 자손 중에서 받은 그들의 기업이 됨이니라 34 그러나
그들의 성읍 주위에 있는 들판은 그들의 영원한 소유지이니 팔지 못할지니라
35 네 형제가 가난하게 되어 빈 손으로 네 곁에 있거든 너는 그를 도와 거류민
이나 동거인처럼 너와 함께 생활하게 하되 36 너는 그에게 이자를 받지 말고 네
하나님을 경외하여 네 형제로 너와 함께 생활하게 할 것인즉 37 너는 그에게 이
자를 위하여 돈을 꾸어 주지 말고 이익을 위하여 네 양식을 꾸어 주지 말라 38
나는 너희의 하나님이 되며 또 가나안 땅을 너희에게 주려고 애굽 땅에서 너희
를 인도하여 낸 너희의 하나님 여호와이니라

◈ 건너 뛴 장 내용 요약

- 23장_ 거룩한 절기
- 24장_ 거룩한 불과 떡, 이름

말씀 돋보기 - 관찰

1 이스라엘 백성들이 들어갈 가나안 땅에서 지켜야 할 그 땅의 경작 원리는 무엇이며, 그 원리는 어떤 목적을 갖고 있는가?(레 25:3-4)

원리:

목적:

Tip 이스라엘 백성들이 가나안에서 지킬 경작 원리는 어느 땅이든 6년을 경작하고 7년째 되는 해는 땅을 쉬게 하라는 안식년이다. 7년 중 1년의 농사를 포기하라는 것은 15퍼센트의 수확을 포기하라는 것과 같다. 그러나 농사를 짓는 사람들이 증언하듯 땅을 쉬게 하지 않고 경작할 경우 땅의 양분이 모두 빠져나가 점점 수확량이 줄어든다. 그러므로 주기적으로 땅을 놀리는 것은 땅뿐만 아니라 농부에게도 좋은 일이다.

그러나 **안식년**에 대한 근본적인 목적은 **가난한 자들에 대한 배려**이다. 일구지 않은 땅에서 자라난 것은 가난한 자들로 먹게 하고 나머지는 짐승들이 먹도록 주인은 전혀 손을 대지 말라는 것이다(출 23:11).

2 7년째 되는 안식년의 금지 사항은 무엇인가?(레 25:4-5)

a)

b)

c)

Tip 안식년에는 씨를 뿌려서는 안되고, 저절로 떨어진 씨앗의 수확을 거두거나 안식년이라 해서 가꾸지 않은 포도 나무의 열매를 따서도 안된다. 하나님의 안식년을 잘 지키면 "땅을 이렇게 쉬게 해야만 땅도 너희에게 먹을거리를 내어 줄 것이다. 너뿐만 아니라 남종과 여종과 품꾼과 너와 함께 사는 나그네에게도 먹을거리를 줄 것이다. 또한 너의 가축도 너의 땅에서 사는 짐승까지도 땅에서 나는 모든 것을 먹이로 얻게 될 것이다"라고 축복을 약속하신다.

3 7년이 일곱 번 지나면 지키는 절기는 무엇이며, 그 절기의 의미는 무엇인가?(레 25:10)

의미:

Tip 안식년이 일곱 번 지나 49년째 되는 해의 일곱 번째 달인 티스리(Tishri)월 10일에 희년의 시작을 알리는 나팔을 분다. 희년에는 하나님이 이스라엘의 죄를 용서하셨던 것처럼 이스라엘 사람들은 서로의 빚을 탕감해주고 자유를 주어야 한다. 만일 빚 때문에 땅을 남에게 팔았다면 이때 돌려받을 수 있다. 자신을 노예로 팔았어도 이때 자유하게 된다. 이 절기의 의미는 용서와 자유와 새로운 시작을 의미한다. 그러므로 그 어떤 사람도 영구적으로 억압해서는 안된다. 희년은 또한 농사를 짓거나 저절로 자란 곡식을 걷어서는 안된다.

4 희년이 오면 모든 땅과 밭은 원래 주인에게 돌려 주어야 한다. 그 이유는 무엇인가? 그래서 생긴 밭을 거래하는 방법은 무엇인가?(레 25:15-16, 23-24)

이유:

방법:

Tip 희년이 찾아 오면 모든 땅과 밭을 원주인에게 돌려주어야 한다. 그 이유는 하나님께서 이스라엘 땅의 주인이시기 때문이다. 하나님은 이스라엘 백성들에게 그 땅의 소유권이 아니라 사용권을 주신 것이다. 그러므로 이스라엘은 땅을 거래할 때 사용권만 염두에 두고 가격을 정해야 하며, 땅의 사용권을 판 사람의 형편이 나아지면 언제든지 무르는 것을 허용해야 한다(24절).
또한 사람이 땅을 팔면 그의 친척이 그 땅을 무를 수 있어야 하며, 정 형편이 어려우면 희년을 기다렸다가 원 주인이 아무런 대가를 치르지 않고 돌려받을 수 있도록 해야 한다. 그러므로 밭을 거래할 때 고려해야 하는 것은 다음 희년이 언제인가이다. 즉 희년까지 몇 년 남았느냐에 따라 거래가가 정해져야 한다(15절). 왜냐하면 이스라엘에서 땅을 사고 파는 일은 영구적인 것이 아니라 단순히 그 땅의 소출을 다음 희년이 올 때까지 파는 것에 불과하기 때문이다. 이 과정에서 강조되는 것이 합당한 가격이다.

5 이스라엘 백성들의 세상 계산법과 다른 이자법은 무엇이며(레 25:35), 하나님의 절기를 지키면 보장되는 두 가지는 무엇인가?(레 25:18-22)

a)

b)

Tip 가난하고 연약한 자들에게 어떤 이익을 남겨서도 안 되고, 돈을 빌려주면 이자를 받아서도 안 된다. 당시 주변 국가들의 이자가 1년에 60퍼센트 이상이었던 것을 감안하면, 이 규정은 돈을 빌려준 사람에게 많은 희생을 요구한다. 이스라엘 백성들이 세상의 계산법을 버리고 서로에게 긍휼로 대한다면 하나님은 두 가지를 보장하신다. 첫째, 그들은 하나님이 허락하실 그 땅에서 안전하게 살 수 있다(18–19절). 모든 원수와 질병, 기근 등에서 보호해 주실 것을 의미한다. 둘째, 하나님께서 그들의 모든 필요를 채워주실 것이다(20–22절). 구체적으로 3년 동안 묵은 것을 먹을 수 있게 해 주시겠다고 한다.

	안식년(25:1–7)	희년(25:8–22)	소유권(25:23–38)
규례	6년째 수확 이후 소산은 건들지 말아야 함	1. 50년째에 빚을 탕감하며 자유를 줌 2. 농사를 짓지 않고 저절로 자란 곡식을 거두지 못함	1. 땅을 아주 팔지는 못함–언제든지 땅을 무르는 것을 허용해야 함 2. 가난한 자에게는 이자 없이 돈을 꾸어 주어야 함
목적	가난한 자들과 짐승들을 위한 배려	하나님의 용서와 은혜를 경험한 자들이 서로에게 용서와 은혜를 베풀게 하기 위하여	하나님은 소유주(지주)이고 이스라엘(소작농)에게 사용권을 주셨고 가나안 땅을 이스라엘에게 주려고 인도하여 내신 하나님이심을 알게 하려고
약속	그들 뿐만 아니라 주변 모든 사람들, 가축들, 들짐승들까지 모두 풍요롭게 살게 될 것	1. 하나님이 허락하실 그 땅에서 안전(원수, 질병, 기근 등으로부터)하게 살 수 있음 2. 하나님이 그들의 모든 필요를 채워주심	

삶의 내비게이션 - 적용

1 안식년과 희년 규례의 근본 목적은 가난한 자들에 대한 배려이다. 당신이 가난한 자들을 위해 베푼 것에는 어떤 것이 있었는가?

2 오늘날 안식년과 희년이 우리에게 주어진다면 우리의 개인적인 삶과 사회는 어떻게 바뀔 것인가?

3 하나님은 율법을 지키는 자들에게 안전과 필요의 채움을 보장하신다. 당신이 하나님께 보장받고 싶은 것은 무엇인가? 그것을 위해 당신이 행해야 하는 것은 무엇인가?

생활의 아로마 - 실천

갑과 을

레위기 25:39-55

복습

1 이스라엘 백성들이 들어갈 가나안 땅에서 지켜야 할 그 땅의 경작 원리는 무엇이며, 그 원리는 어떤 목적을 갖고 있는가?(레 25:3-4)

원리:

목적:

2 하나님의 절기를 지키면 보장되는 두 가지는 무엇인가?(레 25:18-22)

a)

b)

레위기 25:39-55

25:39 너와 함께 있는 네 형제가 가난하게 되어 네게 몸이 팔리거든 너는 그를
종으로 부리지 말고 40 품꾼이나 동거인과 같이 함께 있게 하여 희년까지 너를
섬기게 하라 41 그 때에는 그와 그의 자녀가 함께 네게서 떠나 그의 가족과 그
의 조상의 기업으로 돌아가게 하라 42 그들은 내가 애굽 땅에서 인도하여 낸 내
종들이니 종으로 팔지 말 것이라 43 너는 그를 엄하게 부리지 말고 네 하나님을
경외하라 44 네 종은 남녀를 막론하고 네 사방 이방인 중에서 취할지니 남녀 종
은 이런 자 중에서 사올 것이며 45 또 너희 중에 거류하는 동거인들의 자녀 중
에서도 너희가 사올 수 있고 또 그들이 너희와 함께 있어서 너희 땅에서 가정
을 이룬 자들 중에서도 그리 할 수 있은즉 그들이 너희의 소유가 될지니라 46
너희는 그들을 너희 후손에게 기업으로 주어 소유가 되게 할 것이라 이방인 중
에서는 너희가 영원한 종을 삼으려니와 너희 동족 이스라엘 자손은 너희가 피
차 엄하게 부리지 말지니라 47 만일 너와 함께 있는 거류민이나 동거인은 부유
하게 되고 그와 함께 있는 네 형제는 가난하게 되므로 그가 너와 함께 있는 거
류민이나 동거인 또는 거류민의 가족의 후손에게 팔리면 48 그가 팔린 후에 그
에게는 속량 받을 권리가 있나니 그의 형제 중 하나가 그를 속량하거나 49 또는
그의 삼촌이나 그의 삼촌의 아들이 그를 속량하거나 그의 가족 중 그의 살붙이
중에서 그를 속량할 것이요 그가 부유하게 되면 스스로 속량하되 50 자기 몸이
팔린 해로부터 희년까지를 그 산 자와 계산하여 그 연수를 따라서 그 몸의 값
을 정할 때에 그 사람을 섬긴 날을 그 사람에게 고용된 날로 여길 것이라 51 만
일 남은 해가 많으면 그 연수대로 팔린 값에서 속량하는 값을 그 사람에게 도
로 주고 52 만일 희년까지 남은 해가 적으면 그 사람과 계산하여 그 연수대로
속량하는 그 값을 그에게 도로 줄지며 53 주인은 그를 매년의 삯꾼과 같이 여기
고 네 목전에서 엄하게 부리지 말지니라 54 그가 이같이 속량되지 못하면 희년
에 이르러는 그와 그의 자녀가 자유하리니 55 이스라엘 자손은 나의 종들이 됨
이라 그들은 내가 애굽 땅에서 인도하여 낸 내 종이요 나는 너희의 하나님 여
호와이니라

말씀 돋보기 - 관찰

1 이스라엘 사람이 경제적인 어려움으로 동족의 노예가 되는 경우 어떻게 대우해야 하는가?(레 25:39, 43, 53)

Tip 이스라엘 사람이 경제적인 어려움에 처한 동족을 노예로 사게 될 경우 그를 종 부리듯이 부려서는 안된다. 그는 빚을 갚기 위하여 노동력을 판 사람으로 취급하여 최대한 인격적으로 대우를 해야 한다. 그는 노예이기에 앞서 같은 공동체에 속한 형제이기 때문이다. 그러므로 엄하게 부리는 것을 금한다. "엄하게"의 기본적인 의미는 맷돌 등을 가는 행위이다. 여기서는 "사람의 몸과 영혼을 갈아버리는 혹독한 노동"을 뜻한다.

2 이스라엘 사람이 이스라엘 땅에 사는 이방인에게 팔렸을 경우 사유하는 방법은 무엇인가?(레 25:47-49)

Tip 만일 이스라엘 사람이 이스라엘 땅에 사는 이방인에게 팔렸을 경우, 그 사람의 친척들은 값을 지불하고 그를 데려오도록 노력해야 한다(47-49). 종으로 팔린 사람의 형편이 나아지면 그는 자신의 자유를 살 수 있다.

3 이스라엘 품꾼이 속량하기 위한 계산법의 기준은 무엇인가?
(레 25:50, 52)

Tip 이스라엘 사람들은 희년이 되면 놓아 주어야 한다(41절). 계산법이 그동안 일해 준 삯을 제하는 것으로 보아 이스라엘이 그 땅에 사는 이방인들에게 팔렸을 때는 일정한 기간의 노동력을 판 것이지 생명을 판 것은 아니다(cf. 53절). 또한 값을 계산할 때 희년까지 남은 햇수를 감안하는 것은 이스라엘 땅에서 사는 이방인들도 희년법을 준수했던 것을 의미한다(52절). 가난이 대물림 되지 않게 하기 위하여 영원한 속박은 허락되지 않았다.
*희년: 7년이 일곱 번째 되는 해

4 이스라엘의 주-종관계에서 희년이 되면 그의 가족과 그의 조상의 기업으로 돌아가는 이유는 무엇인가?(레 25:55)

Tip 이스라엘 사람들은 하나님께만 속하였으므로 그 누구도 그들의 소유권을 가질 수 없다. 하나님께서 이들의 유일한 주인이시기 때문이다. 노예 제도는 창조주의 의도에 역행하는 본질적인 문제가 있음을 암시하는 듯하다. 또한 희년 제도는 사람의 욕심과 억압을 제한하는 인도주의적인 법이다. 신약에서는 예수님이 자신의 사역을 희년에 비교하셨다(눅 4:18-19). 이러한 차원에서 희년의 시작을 알리는 나팔 소리는 예수님의 재림을 알릴 나팔 소리와 맥을 같이한다(마 24:31; 고전 15:52; 살전 4:16). 또한 희년 개념이 사도행전 1:6; 3:21; 4:34 등에 반영되어 있다.

5 본문에서 반복적으로 언급되는 희년은 노예 제도에만 관련된 것이 아니다. 어떤 교훈들을 가지고 있는가?(레 25:42, 46, 54, 55)

경제적 관점(42절):

관계적 관점(46절):

메시아적 관점(54-55절):

Tip 이스라엘인이 유일하게 노예가 되는 것은 경제적인 문제때문이었다. 하나님의 희년법은 노예제도에 관한 것이 아니라 가난이 대물림 되어서는 안된다는 점을 강조하고 있다. 경제적인 관점에서는 이스라엘 노예를 노예로 팔아서는 안된다(42절). 즉 부가 소수에게 집중되는 것을 제한하려는 목적이 있다. 관계적인 관점에서는 이스라엘 노예를 엄하게 부리지 말고(46절), 인격적으로 대우할 것을 명령하고 계신다. 바로 이웃에 대한 배려가 희년 법의 가장 중심요지이기 때문이다. 메시아적인 관점은 희년에 매인 사람들에게 자유(54-55절)를 준 것처럼 예수님께서 죄에 묶여 있는 자들에게 자유를 주신다는 의미를 갖는다.

삶의 내비게이션 - 적용

1 같은 성경 본문을 보고 노예 제도를 성경적이라고 주장하는 사람이 있는가 하면 아니라고 주장하는 사람도 있다. 당신은 노예 제도에 대하여 어떻게 생각하고 있는가?

2 고용주와 고용인(갑-을) 관계에서 하나님께서는 함부로 부리지 말라고 말씀하신다. 당신이 경험한 이상적이고 좋은 갑-을 관계에는 어떤 것이 있었는가?

3 만일 하나님께서 당신을 갑으로 만들어 주신다면 당신은 어떤 갑이 되겠는가?

생활의 아로마 - 실천

온전한 서원

레위기 27:1-34

복습

1 이스라엘 사람이 경제적인 어려움으로 동족의 노예가 되는 경우 어떻게 대우해야 하는가?(레 25:39, 43, 53)

2 이스라엘의 주-종관계에서 희년이 되면 그의 가족과 그의 조상의 기업으로 돌아가는 이유는 무엇인가?(레 25:55)

레위기 27:1-34

27:1 여호와께서 모세에게 말씀하여 이르시되 2 이스라엘 자손에게 말하여 이
르라 만일 어떤 사람이 사람의 값을 여호와께 드리기로 분명히 서원하였으면
너는 그 값을 정할지니 3 네가 정한 값은 스무 살로부터 예순 살까지는 남자면
성소의 세겔로 은 오십 세겔로 하고 4 여자면 그 값을 삼십 세겔로 하며 5 다섯
살로부터 스무 살까지는 남자면 그 값을 이십 세겔로 하고 여자면 열 세겔로
하며 6 일 개월로부터 다섯 살까지는 남자면 그 값을 은 다섯 세겔로 하고 여자
면 그 값을 은 삼 세겔로 하며 7 예순 살 이상은 남자면 그 값을 십오 세겔로 하
고 여자는 열 세겔로 하라 8 그러나 서원자가 가난하여 네가 정한 값을 감당하
지 못하겠으면 그를 제사장 앞으로 데리고 갈 것이요 제사장은 그 값을 정하되
그 서원자의 형편대로 값을 정할지니라 9 사람이 서원하는 예물로 여호와께 드
리는 것이 가축이면 여호와께 드릴 때는 다 거룩하니 10 그것을 변경하여 우열
간 바꾸지 못할 것이요 혹 가축으로 가축을 바꾸면 둘 다 거룩할 것이며 11 부
정하여 여호와께 예물로 드리지 못할 가축이면 그 가축을 제사장 앞으로 끌어
갈 것이요 12 제사장은 우열간에 값을 정할지니 그 값이 제사장의 정한 대로 될
것이며 13 만일 그가 그것을 무르려면 네가 정한 값에 그 오분의 일을 더할지니
라 14 만일 어떤 사람이 자기 집을 성별하여 여호와께 드리려하면 제사장이 그
우열간에 값을 정할지니 그 값은 제사장이 정한 대로 될 것이며 15 만일 그 사
람이 자기 집을 무르려면 네가 값을 정한 돈에 그 오분의 일을 더할지니 그리
하면 자기 소유가 되리라 16 만일 어떤 사람이 자기 기업된 밭 얼마를 성별하
여 여호와께 드리려하면 마지기 수대로 네가 값을 정하되 보리 한 호멜지기에
는 은 오십 세겔로 계산할지며 17 만일 그가 그 밭을 희년부터 성별하여 드렸으
면 그 값을 네가 정한 대로 할 것이요 18 만일 그 밭을 희년 후에 성별하여 드렸
으면 제사장이 다음 희년까지 남은 연수를 따라 그 값을 계산하고 정한 값에서
그 값에 상당하게 감할 것이며 19 만일 밭을 성별하여 드린 자가 그것을 무르려
면 네가 값을 정한 돈에 그 오분의 일을 더할지니 그리하면 그것이 자기 소유
가 될 것이요 20 만일 그가 그 밭을 무르지 아니하려거나 타인에게 팔았으면 다
시는 무르지 못하고 21 희년이 되어서 그 밭이 돌아오게 될 때에는 여호와께 바
친 성물이 되어 영영히 드린 땅과 같이 제사장의 기업이 될 것이며 22 만일 사
람에게 샀고 자기 기업이 아닌 밭을 여호와께 성별하여 드렸으면 23 너는 값을

정하고 제사장은 그를 위하여 희년까지 계산하고 그는 네가 값을 정한 돈을 그
날에 여호와께 드려 성물로 삼을지며 24 그가 판 밭은 희년에 그 판 사람 곧 그
땅의 원주인에게로 되돌아갈지니라 25 또 네가 정한 모든 값은 성소의 세겔로
하되 이십 게라를 한 세겔로 할지니라 26 오직 가축 중의 처음 난 것은 여호와
께 드릴 첫 것이라 소나 양은 여호와의 것이니 누구든지 그것으로는 성별하여
드리지 못할 것이며 27 만일 부정한 짐승이면 네가 정한 값에 그 오분의 일을
더하여 무를 것이요 만일 무르지 아니하려면 네가 정한 값대로 팔지니라 28 어
떤 사람이 자기 소유 중에서 오직 여호와께 온전히 바친 모든 것은 사람이든지
가축이든지 기업의 밭이든지 팔지도 못하고 무르지도 못하나니 바친 것은 다
여호와께 지극히 거룩함이며 29 온전히 바쳐진 그 사람은 다시 무르지 못하나
니 반드시 죽일지니라 30 그리고 그 땅의 십분의 일 곧 그 땅의 곡식이나 나무
의 열매는 그 십분의 일은 여호와의 것이니 여호와의 성물이라 31 또 만일 어떤
사람이 그의 십일조를 무르려면 그것에 오분의 일을 더할 것이요 32 모든 소나
양의 십일조는 목자의 지팡이 아래로 통과하는 것의 열 번째의 것마다 여호와
의 성물이 되리라 33 그 우열을 가리거나 바꾸거나 하지 말라 바꾸면 둘 다 거
룩하리니 무르지 못하리라 34 이것은 여호와께서 시내 산에서 이스라엘 자손을
위하여 모세에게 명령하신 계명이니라

◈ 건너 뛴 장 내용 요약

• 26장_ 여섯 가지 축복과 저주

축복(26:3-13)	저주(26:14-39)
생산하는 땅(4-5, 10절)	생산하지 못하는 땅(16, 19-20, 26절)
안전하게 삶(5절)	타국에서 삶(33절)
들짐승 제거(6절)	들짐승의 위협(22절)
무기(전쟁) 없음(6절)	무기 휘두름(전쟁)(25절)
승리(7절)	패배(17, 25절)
하나님의 보살핌(9절)	하나님의 냉대(17절)
조건: 하나님의 규례와 계명을 준행하면	조건: 하나님을 청종치 아니하고 계명을 준행하지 않으면

말씀 돋보기 - 관찰

1 사람으로 서원한다는 의미는 무엇이며, 서원을 이행할 때 나이와 성별에 따라 금액이 다른 이유는 무엇인가?(레 27:2-7)

의미:

이유:

Tip 하나님은 인간 번제를 원하시는 분이 아니다. 그러므로 사람으로 서원한다는 것은 **그의 몸값이라고 할 수 있는 금액을 성전에 들여 놓는 것을 의미한다**. 본문에 표기된 몸값은 당시 노예의 몸값을 근거로 형평성을 맞추었을 가능성이 있고, 성전에서 일하는 것을 전제로 노동력의 가치를 돈으로 계산한 것일 수도 있다. 그래서 노예의 몸값을 정할 때처럼 하나님께 서원한 사람의 조건에 따라 정하신 액수를 살펴보면, 성별과 나이가 값을 결정하는 두 요인이 된다. 이 두 조건이 중요한 것은 성 차별이나 나이 차별 때문이 아니라 노동력 때문이다. 그래서 가장 생산적인 노동을 할 수 있는 남자 성인이 가장 높은 가격을 받는다.

나이	남자	여자
20-60세	50세겔	30세겔
5-20세	20세겔	10세겔
1개월-5세	5세겔	3세겔
60세 이상	15세겔	10세겔

*1세겔: 남자 성인 노동자의 한달 봉급

2 서원자가 가난해서 정한 금액을 감당하기 어려운 경우는 어떻게 해결하는가?(레 27:8)

Tip 하나님께 자식이나 자신을 서원하고 싶은데 가난해서 이와 같은 금액을 낼 수 없는 경우가 있다. 자칫 잘못하면 이 문제는 가난한 사람에 대한 차별로 확대될 수 있다. 다행히 하나님은 서원자가 너무 가난해서 이 액수를 낼 수 없을 때는 서원된 자를 제사장에게 보이고, 제사장은 그 사람의 형편에 따라 감당할 수 있는 범위 내에서 값을 정해준다. 가난한 자의 배려가 서원 규례에도 적용되고 있다(cf. 5:7-13; 12:8; 14:21-32).

3 밭을 서원했을 때 다르게 적용되는 두 종류의 땅은 무엇인가?(레 27:16-25)

a)

b)

Tip 밭으로 서원한 경우 조상으로부터 물려 받은 땅을 서원할 경우와 남에게서 산 땅을 서원할 경우의 두 가지로 나눌 수 있다. 조상 대대로 물려받은 땅을 서원하면 그 밭의 값은 농사를 짓기 위해서 뿌리는 씨앗의 양에 따라 가격이 정해진다(16절). 호멜은 시대와 지역에 따라 110-240리터에 달하는 곡물 단위로, 일반적으로 220리터로 계산한다. 이 정도의 씨앗 파종을 요구하는 땅의 값은 50세겔이며 희년이 얼마나 근접해 있느냐에 따라서 값이 내려가기 시작한다(18절). 1년에 1세겔의 계산법을 사용하는 것이 가장 합리적으로 생각된다. 즉 희년이 30년 후라면, 이 땅의 값은 30세겔로 계산하면 된다.
남에게 산 다음 그 밭을 서원하는 경우는 제사장이 희년까지 남은 햇수를 계산하여 값을 책정해야 하며, 희년이 되면 그 땅은 본래의 소유주에게 돌려주어야 한다.

4 서원을 하고 다시 되돌릴 수 없는 경우는 무엇인가?(레 27:28)

Tip 이스라엘은 사람, 짐승, 땅 등 서원한 모든 것을 무를 수 있다. 그러나 예외가 있다. “온전히 바친 것”은 무를 수 없다. 이 히브리어 단어는 두 가지 의미를 가졌다. 첫 번째는 성막에서 쓰기 위하여 특별히 준비해 놓은 것을 뜻한다. 이 경우 서원자도 무를 수 없다. 밭의 소유권도 다시 주인에게 돌아가지 않는다. 하나님께서 쓰실 거룩한 것이기 때문이다.
두 번째 경우는 '진멸'이 선포된 정황이다. 진멸이 선포되면 사람이든, 짐승이든 모두 죽여야 한다. 진멸이 선포된 사람이나 짐승은 하나님께 가장 거룩한 것으로 드려졌기 때문이다.

5 이스라엘은 곡식, 과일, 열매, 가축 등 모든 소산의 10분의 1을 하나님께 드려야 한다. 십일조를 무르는 방법은 무엇인가?(레 27:31)

....

....

Tip 이스라엘은 곡식, 과일, 열매, 가축 등 모든 소산의 10분의 1을 하나님께 드려야 한다. 십일조를 드리는 이유는 주의 백성이 소유하고 누리는 모든 것이 주께서 주신 축복임을 고백하는 것이기 때문이다. 십일조는 이미 하나님께 속한 것이기 때문에 특별히 따로 서원할 필요는 없다(cf. 민 18:21). 만일 십일조로 드려지는 물건을 무르고자 하면 20퍼센트를 추가하여야 한다. 오늘날의 십일조는 성도가 하나님께 드릴 수 있는 최소한의 헌금으로 생각하는 것이 바람직하다. 구약 시대에 비해 훨씬 더 큰 은혜를 경험하면서 살고 있으므로 구약시대 사람들보다 더 많은 헌물을 드리는 것은 당연한 일이다. 신약의 헌금 원칙은 최소한을 드리는 것이 아니라, 최대한을 드리는 것이다.

〈서원〉

서원의 종류	의미와 내용
사람 서원(27:1–8)	평생 성전/성막에서 일하거나 사람의 조건에 따라 '적절한' 대등한 금액을 성소에 들여 놓는 것
짐승 서원(27:9–13)	가축(소, 양, 염소)을 서원
집 서원(27:14–15)	제사장이 시장 가격에 따라 집의 가격 정함
밭 서원(27:16–25)	1. 조상으로부터 물려 받은 땅을 서원할 경우 2. 남에게서 산 땅을 서원할 경우
첫 짐승(27:26–27)	이미 짐승의 첫 새끼는 하나님께 속한 것(13:2, 15; 34:19)
온전히 바친 물건들(27:28–29)	'온전히 바친 것' 1. 성막에서 쓰기 위하여 특별히 준비해 놓은 것 2. '진멸'이 선포된 정황
십일조(27:30–33)	곡식, 과일, 열매, 가축 등 모든 소산의 10분의 1

삶의 내비게이션 - 적용

1 이스라엘 사람들은 사람, 짐승, 집, 밭, 물건 등을 서원했다. 당신은 과거에 소유물로 서원하거나 선교사, 목회자, 사역자 등 신앙적으로 서원한 경험이 있는가?

2 십일조는 주의 백성이 소유하고 누리는 모든 것이 주께서 주신 축복임을 고백하는 것이다. 신약의 헌금은 하나님과 이웃에 대한 우리의 사랑의 표현이다. 당신은 하나님과 이웃 사랑의 표현을 어떻게 실천하고 있는가?

3 "온전히 바쳐진 것"은 무를 수가 없다. 당신의 생활에서 하나님께 온전히 바쳐진 삶을 살아야 하는데 가장 어려운 부분은 무엇인가?

생활의 아로마 - 실천

비밀 유지 서약서

나는 이 그룹에서 나눈 것들을 다른 곳에 누설하지 않기로 약속합니다. 또한 다른 그룹원들이 숨기고자 하는 내용을 나누도록 압력을 가하지 않기를 약속합니다. 하나님과 그룹원들에게 나의 약속을 성실히 이행할 것을 서약합니다.

서명 ______________________________

날짜 ______________________________

레위기 말씀 공부를 통한 삶의 변화 일지

주	나의 말씀 적용 (생활의 아로마)	실천 과정과 결과
1주		
2주		
3주		
4주		
5주		
6주		

주	나의 말씀 적용 (생활의 아로마)	실천 과정과 결과
7주		
8주		
9주		
10주		
11주		
12주		

송병현 〈엑스포지멘터리 시리즈〉의 저자. 캐나다 틴대일 대학교(B. Th.)와 미국 시카고 트리니티 복음주의신학교를 졸업하고(M. Div.) 동 대학원에서 박사학위(Ph. D.)를 받았다. 1997년부터 백석대학교 구약학 교수로 봉직 중이며 2009년부터는 선교지의 지도자 교육을 위해 강사진을 파송하는 STAR 선교회를 이끌고 있다. 목회자와 신학생뿐 아니라 하나님의 말씀에 진지하게 귀기울이기 원하는 이 땅의 그리스도인들을 섬기기 위해 활발한 성경강해와 해석 사역을 펼치고 있다.

송(임)우민 캐나다 틴대일 대학교(B. Th.)와 미국 시키고 트리니티 복음주의신학교를 졸업(M. Div.), LA에 있는 탈봇신학교에서 기독교교육학으로 박사학위(Ph. D.)를 받았다. 20여 년간 북미와 한국에서 영어 주일학교 전도사로 교회학교 현장에서 사역하였으며, CMIS 캐나다국제학교 이사, Korea Montessori College 교수, 몬테쏘리 교사 및 컨설턴트 등 다양한 교육학적 경력을 통해 학부모 세미나, 부부 세미나, 교사 세미나와 주요 강사로서 가정과 주일학교를 말씀으로 세우기를 갈망하는 부모와 교사들을 섬기고 있다. 현재 백석예술대학교 사회복지학부 전임교수로 봉직 중이며, 남편 송병현 교수와 함께 STAR 선교회 이사로 섬기고 있다.

엑스포지멘터리 성경공부 시리즈 레위기

초판 1쇄 발행 2014년 5월 10일
2쇄 발행 2017년 11월 10일

지은이 송병현, 임우민
구성 신윤영

펴낸곳 도서출판 이엠
등록번호 제25100-2015-000063
주소 서울시 구로구 공원로 3번지
전화 070-8832-4671
E-mail empublisher@gmail.com

내용 및 세미나 문의 스타선교회: 02-520-0877 / EMail: starofkorea@gmail.com / www.star123.kr

ISBN 979-11-86880-21-0 93230

「이 도서의 국립중앙도서관 출판시도서목록(CIP)은 서지정보유통지원시스템 홈페이지(http://seoji.nl.go.kr)와 국가자료공동목록시스템(http://www.nl.go.kr/kolisnet)에서 이용하실 수 있습니다. (CIP제어번호:CIP2015000753)」